# 주식투자의 첫걸음은
# 기업분석부터

# 주식투자의 첫걸음은
# 기업분석부터

초판 1쇄 인쇄    2025년 6월 16일
초판 1쇄 발행    2025년 6월 23일

| | |
|---|---|
| 지은이 | 변지희 |
| 펴낸이 | 이종두 |
| 펴낸곳 | (주)새로운 제안 |
| | |
| 책임편집 | 엄진영, 문혜수 |
| 본문디자인 | 프롬디자인 |
| 표지디자인 | 프롬디자인 |
| 영업 | 문성빈, 김남권, 조용훈 |
| 경영지원 | 이정민, 김효선 |
| | |
| 주소 | 경기도 부천시 조마루로385번길 122 삼보테크노타워 2002호 |
| 홈페이지 | www.jean.co.kr |
| 쇼핑몰 | www.baek2.kr(백두도서쇼핑몰) |
| SNS | 인스타그램(@newjeanbook), 페이스북(@srwjean) |
| 이메일 | newjeanbook@naver.com |
| 전화 | 032) 719-8041 |
| 팩스 | 032) 719-8042 |
| 등록 | 2005년 12월 22일 제386-3010000251002005000320호 |
| ISBN | 978-89-5533-667-2 (13320) |

돈버는 투자를 위한 기업분석 6단계

# 주식투자의 첫걸음은

변지희 지음

# 기업분석 부터

**어떤 주식을 사야할지 정하기 전에
어떤 기업의 주식을 가지고 싶은지를
생각해야 한다**

새로운제안

"주식공부를 시작 하려는데.. 책 하나만 추천해줄 수 있나요?"

이 질문을 들을 때면 늘 답하기가 어려웠다. 우리는 무언가 마음먹고 공부하려면 먼저 책을 찾는다. 나 역시도 알고 싶은 부분이 생겼을 때 앞서 경험한 사람의 이야기를 듣고자 책을 검색한다. 그런데 주식투자 만큼은 입문자가 책을 고르고 집어 들기에 장벽이 존재하는 것 같다. 어디서부터 공부를 해야 할지 막막하고, 시작하더라도 양이 방대하게 느껴진다. 실제로 주식투자에는 수많은 요소가 얽혀 있어서 단 한 권 분량으로 모든 것을 설명하기란 어렵다. 경제와 사회, 산업, 재무제표, 차트, 심리 등이 복합적으로 영향을 미치고 수익이 달라진다. 하나의 투자 비법을 제안하기엔 사람마다 투자성향이 다르다. 그럼에도 우리는 각자만의 의지로 주식을 알아가 보고자 책을 집어 들었을 것이다.

이 책은 '기업분석'을 주제로 썼다. 투자의 시작이 반드시 복잡하 거나 어려울 필요는 없다. 주식 입문자와 회사를 분석해본 적 없는 사람을 대상으로 하여, 꼭 알아야 할 핵심을 담아 누구나 주식 공부 에 다가갈 수 있도록 한다. 주식투자를 하는 동안 우리가 어디에 투 자를 할지, 투자하는 곳이 어디인지만큼은 스스로 판단할 수 있도 록 한다. 더 나아가면 기업을 아는 힘이 진득한 투자와 장기적 수익 으로 이어진다. 기업분석을 한다고 수익이 보장되진 않지만 수익을 만드는 투자에는 기업분석이 필요하다. 어떤 방법의 투자를 하든지 기업을 파악하는 능력은 투자하는 모든 사람에게 기본이자 필수다. 심지어 차트분석을 기반으로 하는 투자도 그렇다. 최소한의 기업분 석이라도 할 줄 안다면 건강한 주식투자 습관에 도움이 된다고 생 각해서 이 책을 썼다.

어느 날 동생이 나에게 왜 투자자가 되었냐고 물은 적이 있다. 투 자자란 단어가 부끄럽기도 하고 새삼스럽다. 나야 자연스럽게 지금 까지 흘러왔는데 동생의 시선으로는 군대를 다녀왔더니 누나가 돌 연 주식투자에 빠져있더란다. 설명을 듣고 보니 그런 질문을 하는 게 이해가 된다. 동생이 입대하던 2019년까지만 해도 나는 수공예 품을 만드는 일을 했다. 가장 오래 해 온 일이자, 좋아하는 일이었다. 그 전에는 아르바이트를 하면서 여러 소품을 만들어 판매하는 창업을 하기도 했다. 그보다 더 전에는 미술대학교를 다녔다. 창업과 아르바이트를 하는 동안, 휴학과 복학의 반복 끝에 중퇴를 선택했다. 그러니까, 주식이나 경제와는 전혀 전공이나 지식과 관련 없다는 뜻이다. 좋아하는 일을 어떻게 지속하며 살아갈 수 있을까 궁리하다 다다른 곳이 주식이었다. 현실적인 기반을 마련하기 위해 주식을 공부했고, 지금도 부딪히고 일어나며 배워가고 있다. 이것이 삶을 어디로 이끌어갈지 미지수인 채 나아가는 지금의 과정이 고통스럽고도 재미있다.

두려워하는 곳에 기적이 있다고 한다. 떨리고 긴장되지만 우리 함께 기적을 만들어 가면 좋겠다. 이 책이 작은 시작점이 되길 바란다. 책이 나오기까지 곁에서 묵묵히 힘이 되어준 분들이 있다. 두려움을 딛고 기적 속으로 한 걸음 내딛도록 응원해준 사랑하는 부모님과 동생, 소중한 친구들, 저의 마음 속 선생님, 블로그 이웃분들게 감사합니다. 그리고 책이 세상에 나오기까지 함께해준 '새로운 제안' 출판사 팀원분들게 깊은 감사를 전합니다.

주식투자의 첫걸음은 기업분석부터

# 차례

## PART 5

# 끝까지 살아남는 주식시장 생존전략

# 조금 더 선택권이 있는
# 삶을 위해

## PART
# 1

주식 투자를 시작한 이유가 뭘까? 아마도 삶에 조금 더 선택권을 만들고 싶어서 일지 모른다. 하지만 막상 제대로 시작해보려고 하면 넘쳐나는 정보와 주식에 대한 오해들이 걸음을 막는다. 이 파트에서는 주식 투자에 필요한 기본적인 관점을 함께 짚어본다. 장벽을 하나씩 걷어내며 주식을 어떻게 바라보면 좋을지 풀어보자. 나만의 기준을 세울 수 있는 첫걸음이 될 것이다.

# 재테크인가
# 투자인가

## `01` 어디서부터 시작할지 막막할 때

주식에 관심이 생겼다는 것은 기존에 갖던 주수입 외에 플러스 알파의 돈을 벌고 싶다는 뜻이다. 이유는 사람마다 다르겠지만, 궁극적으로 지금의 삶과 다른 가능성을 찾고 싶은 마음에서 출발했을 것이다.

그렇게 주식을 제대로 해보기로 마음먹고 공부를 하려고 하면 어디서부터 손을 대야할지 막막하다. 주식 공부를 시작하고 나서는 매일 바뀌는 주식시장과 주가의 등락폭에 도대체 언제쯤 안정적으로 수익을 낼 수 있을지 또다시 막막하다. 공부하면 정말 돈이 되는 건지 의구심이 든다. 읽어야 할 책은 많고 그 앞에서 작심삼일로 끝나버리고 만다. 이러한 주식공부 작심삼일을 해결하는 방법으로, 먼저 자신의 포지션을 정하기를 제안한다. 주식 공부에 들어가기 앞서, 디테일한 투자방법을 고민하기 이전에 스스로 주식투자를 어떤 수단으로서 사용하고 싶은지 살펴보는 것이다.

## ⌜02⌝ 돈을 모을까, 돈이 일하게 할까?

재테크를 원하는 걸까, 아니면 투자를 하고 싶은 걸까? 아니 먼저, 재테크와 투자는 어떻게 다를까? 이 둘을 구분하는 데서부터 주식투자의 방향이 달라진다.

먼저 용어의 의미를 살펴보면 재테크는 '재무 + 테크놀로지'를 줄여 만든 용어로, 재무를 기술적으로 잘 관리하는 행위다.

투자는 사전적 정의로 '이익을 얻기 위하여 어떤 일이나 사업에 자본을 대거나 시간이나 정성을 쏟음'을 말한다. 여기서 '시간과 정성'이라는 표현이 재테크와의 차별점이라고 본다. 즉, 재테크가 기술이라면 투자는 태도에서 비롯된다. 우리는 주식으로 부수입을 얻기 위해 얼마나의 시간과 정성을 쏟을 준비가 되었나? 이 부분이 앞으로 주식을 재테크로써 접근할지, 투자로써 접근할지가 정해지고 앞으로의 판단에도 영향을 미치게 된다.

재테크는 안정적으로 자산을 증식해나가는 것이 주된 목적이다.

| | 재테크 | 투자 |
|---|---|---|
| 개념 | 안정적인 자산 증식 (모으기) | 장기적인 자산의 성장 (불리기) |
| 특징 | 확정적 수익 추구 | 리스크 감수 |
| 방법 | 다양한 상품의 활용 | 대상의 성장과 가치 |
| 목적 | 목돈 만들기, 소비 절약, 생활비 확보 | 경제적 여유 |
| 방향 | 어떻게 하면 더 많은 돈을 모을 수 있을까? | 어떻게 하면 돈이 나를 위해 일하게 만들 수 있을까? |

안정적이고 확정적인 수익을 추구한다. 돈을 저금통에 묵혀두는 것 이상의 이율을 추구하되, 위험은 회피하며 재무적인 결정을 내려 나가는 방식이다. 따라서 위험 분산을 위해 채권, 연금, 보험, ETF, 펀드 등의 다양한 금융상품을 적절히 활용한다. 반면 투자는 장기적인 자산의 성장을 목적으로 한 행위다. 투자도 물론 안정성을 위한 위험분산이 중요하지만 '성장'에 조금 더 초점이 맞춰져 있으며, 자산을 불리는데 필요한 리스크를 감수한다. 재테크처럼 다양한 상품을 활용할 수는 있지만 그 목적이 상품 자체에 있다기보다는 특정 대상의 성장과 가치를 보고 자본을 투입한다. 안정적인 수익을 추구하느냐, 장기적인 성장을 추구하느냐에 따라 재테크는 목돈을 모으거나 생활비 절약을 목표로 하고, 투자는 자산의 증가에 따른 경제적인 여유를 목표로 나아갈 수 있다.

따라서 본인의 목적이 재테크라면 어떤 금융상품의 수익률이 더 높은지 비교하며 자신의 수입과 지출 등 가계 상황에 적절한 재테크 방법에 관심이 필요하다.

투자는 어떨까? 장기적으로 자산 증식을 일구어 줄 투자대상을 물색하는데 집중이 필요하다. 좋은 투자 대상을 찾았다면 그 가치가 실현될 때까지 보유하는 것에 시간과 정성이 필요하다. 이처럼 목적이 무엇이냐에 따라 에너지를 기울여야 할 대상이 달라진다. 주식을 하려는 목적이 재테크인지 투자인지 구분이 명확하지 않으면, 원하는 방식은 투자인데 재테크의 방식으로 접근하거나 재테크를 원하면서 투자에 지나치게 많은 시간을 쏟을지 모른다. 그래서 먼저 자신이 돈을 벌려는 목적과 투입가능한 체력, 즉 방향을 정하는 것이 중요하다.

여러분은 안정적으로 자산을 모으는 것이 중요한가 아니면 장기적으로 자산을 불리고 싶은가? 만약 잘 구별이 되지 않는다면 이렇게 질문해보자. 궁금한 부분이 "어떻게 하면 더 많은 돈을 모을 수 있을까?"인지, "어떻게 하면 돈이 나를 위해 일하게 할까?"인지…

## [03] 재테크 관점의 주식투자

재테크는 안정적이고 일정한 수익을 목표로 하는 수익활동과 자산의 배분이다. 다양한 수단을 비교 배치하는 기술이며 그 수단 중 하나로 주식이 사용된다. 따라서 주식과 개별기업에 시간을 크게 할애하기보다는 직관적으로 접근하는 투자방식이 적절하다.

### ① 대상

- 월급 외 수입을 만들고 싶은 직장인
- 목돈을 굴려서 생활비 일부를 보충하고 싶은 사람
- 공부할 시간은 많지 않지만 돈은 굴리고 싶다.

### ② 투자방식

- 배당주 투자 : 현금흐름 중심, 보유만 해도 일정 수익
- ETF 투자 : 특정 산업이나 지수에 분산 투자
- 우량주 장기 보유 : 코스피 시가총액 10위 안에 드는 기업. 큰 욕심 없이 안정성 중심
- 적립식 매수 : 타이밍 고민 없이 꾸준히 모으는 방식
- 하락장에 불안하지 않은 포트폴리오 구성

### 배당수익률이 높은 게 좋은가요?

배당수익률이 높다는 건, 주가에 비해 배당금이 많다는 뜻이다. 예를 들어, 1주에 1만 원짜리 주식에서 연간 500원의 배당금을 지급한다면 배당수익률은 5%다. 은행 예금이 3% 이자를 준다면 이 주식은 이론적으로는 예금보다 높은 현금수익을 주는 셈이다.

주식투자의 첫걸음은 기업분석부터

안정적으로 높은 배당수익률을 유지하는 기업은 공통점이 있다. 공기업이나 정기적인 현금흐름이 발생하는 산업, 대표적으로 전력, 통신, 은행, 보험, 리츠<sup>REITs</sup> 등이 여기에 속한다. 이들은 매년 일정한 이익을 내고 그 이익의 일부를 주주에게 환원하는 구조다. 이런 산업에 속한 기업은 극적으로 매출이 성장하거나 주가 상승을 일으킬 동력은 한정적이지만, 배당을 통해 수익을 얻고자 하는 투자자에게 안정적인 선택이 될 수 있다. 특히 장기 투자자, 은퇴자, 현금 흐름 중심의 투자자에게는 매우 유용하다. 보통 고배당주로 분류되는 주식은 4~5%, 많게는 7%대까지 배당수익률이 나타난다.

반대로, 성장주나 기술 중심 기업은 회사의 이익을 배당보다는 재투자에 집중하는 경우가 많다. 기술주의 경우 배당수익률이 0.1~2%대에 그친다. 애플이나 테슬라 같은 기술 기업은 과거의 배당률만 보았다면 적다고 실망할 수 있었겠지만 배당 대신에 이익을 연구개발이나 사업 확장에 사용해왔다. 성장기에는 배당을 줄 여력이 있어도 장기적 성장을 위해 내부에 자금을 보유하는 게 더 효과적일 수 있다. 이런 기업은 배당수익률이 낮거나 없더라도 주가 상승을 통해 투자자에게 수익을 안긴다.

배당주를 살필 때 가장 먼저 확인해야 할 것은, 높은 배당수익률이 '주가 하락'에 의해 생긴 것인지, 아니면 '높은 배당금' 때문인지다. 배당수익률은 '배당금 ÷ 현재 주가'로 계산되기 때문에 같은 배

017

PART 1. 조금 더 선택권이 있는 삶을 위해

당금을 주더라도 주가가 많이 하락하면 수익률은 높아진다. 즉, 1주당 500원의 배당금을 주는 회사가 1만 원이던 주가가 5천 원으로 하락하면, 배당수익률은 10%가 된다. 단지 수익률 숫자만 보고 투자한다면 함정에 빠질 수 있다.

배당수익률이 높다고 무조건 좋은 것은 아니다. 중요한 것은 배당의 지속 가능성과 기업의 체력이다. 수익률이 높지만 매년 배당금이 줄어들거나, 주가 하락이 계속되는 회사라면 장기 투자자에게는 불리할 수 있다. 반면, 꾸준히 배당을 유지해서 오히려 늘리는 기업이라면 투자 매력도가 올라간다. 이는 배당성향(순이익 대비 배당금 비율), 배당의 안정성 지표, 과거 배당 추이 등을 통해 판단할 수 있다. 따라서 개인의 투자 목적에 따라 판단 기준이 달라져야 한다. 단기 시세 차익을 노리는 투자자에게는 배당보다 성장성이 더 중요할 수 있고, 반대로 안정적인 수익 흐름이 필요한 투자자에게는 배당이 주된 고려 대상이 된다.

## 04 투자 관점의 주식투자

투자 관점의 주식투자는 말그대로 어떤 대상의 가치에 나의 자본을 보태는 '투자' 행위다. 가치가 가격에 반영되기까지 기다리는 인내심을 바탕으로 때로는 실패를 무릅쓰거나 실수를 인정할 용기가 필요하다. 시간과 자산의 큰 비중이 투입되는 만큼, 기준에 따라 신중

주식투자의 첫걸음은 기업분석부터

하게 판단해야 한다. 그래서 투자대상을 이해하고 마음을 조절하기 위한 노력이 필요하다.

### ① 대상

- 종잣돈을 만들어 자산 레벨을 한 단계 올리고 싶은 사람
- 장기적으로 경제적 자유를 꿈꾸는 사람
- 기업에 대한 공부와 분석에 시간과 에너지를 쓸 의지가 있다.

### ② 투자 방식

- 성장주 중심의 투자 : 현재보다 미래 실적이 중요한 기업
- 중소형주 리서치 및 발굴 : 시장에 덜 알려진 저평가 기업 찾기
- 기업분석 기반 장기 보유 : 재무, 산업 흐름, 경쟁력 분석 필수
- 심리 훈련도 병행 : 하락장에서도 믿고 보유하려면 기준이 필요
- 투자일지와 복기 습관 : 사고 → 검토 → 확신의 반복

## [05] 부자의 지금 선택보다 과거 선택을 보자

투자의 세계에는 늘 유행이 있다. 어떤 종목은 새롭게 뜨고, 어떤 산업은 새롭게 각광받기 시작한다. 사람들은 묻는다. "요즘 어디에 투

자해야 돼요?", "지금은 뭘 사야 수익 나요?" 그 질문 속엔 지금 이 시장에서 살아남기 위한 답이 담겨 있는 것처럼 느껴진다. 하지만 내가 경험해 온 바로는 그보다 더 먼저 던져야 할 질문이 있다. "지금의 나는 어떤 선택을 해야 하는가?" 이 기준이 없으면 남들이 옳다고 말하는 것에 쉽게 휘둘리게 된다. 나는 확실히 재테크가 아닌 투자를 하고 싶었다. 선택권을 늘리고 원하는 삶을 누리며 시간을 자유롭게 쓰기 위해서는 나대신 돈을 벌고 자산을 늘려줄 방법이 필요했다. 이렇게 노선이 정해지면 변화하는 시장 속에서 자신의 판단기준을 찾아갈 수가 있다.

금리인상으로 시장의 변동성이 커지고 불확실성이 극대화되면서 채권이 유행했다. 개인들이 채권을 사들이고 있다는 뉴스가 쏟

---

Ⓔ 이코노미스트 PiCK · 2022.08.16. · 네이버뉴스

**"안전자산에 돈 몰린다" 개인 채권 순매수 10兆 눈앞**

---

ⓝ 뉴데일리 · 2024.10.03.

글로벌 금리인하기 거액**자산가들 선택은 … 금·외국땅·채권에 몰린다…**

---

ⓕⓝ 파이낸셜뉴스 PiCK · 9면 1단 · 2024.08.07. · 네이버뉴스

**"주식투자는 무서워"… 안전자산으로 돈 몰린다**

주식투자의 첫걸음은 기업분석부터

아졌고, 주변 사람들의 대화 속에서도 채권투자 이야기를 자주 들을 수 있었다. 채권은 대표적인 안전자산으로 당시 투자했다면 일정한 수익률은 기대할 수 있는 상황이었다. 하지만 나의 목적은 확실한 수익이 아니라 자산을 점진적으로 크게 불리는 것이다. 그 목적을 기준으로 보면, 비록 리스크는 있더라도 성장의 폭이 열려있는 개별 기업 주식에 투자하는 방식이 적합했다. 당시 보유 중이던 종목들을 다시 점검했고, 기업분석을 통해 투자 투자포인트가 훼손되지 않았다고 판단한 기업에는 오히려 집중 매수를 이어갔다.

가끔 자산 규모가 큰 개인투자자들이 안전자산을 선호하는 흐름이 강해지는 시기가 있다. 부자가 채권을 산다고 하면 옳은 선택처럼 느껴지고 마치 가장 현명한 선택처럼 느껴지기도 한다. 하지만 그 선택은 그들의 자산 단계에서의 전략이며, 모두에게 반드시 맞는 방향은 아니다. **부자가 되고 싶다면 부자의 현재 선택을 따라가기보다 그들이 내 자산 수준일 때 했던 선택이 무엇이었는지 되짚어봐야 한다.** 그 시기, 나에게 필요한 선택은 수익률이 조금 더 높고 리스크가 있더라도 성장 가능성이 있는 자산에 투자하는 것이었다.

당장의 안정이 아니라 미래의 변화 가능성에 배팅하는 시기였기 때문이다. 시장의 유행이 아무리 그럴듯해 보여도 지금의 나에게 맞는 방향을 잊지 않는 것 그게 결국 원하는 삶으로 이끄는 힘이 된다. 투자는 결국, 자기 페이스를 지켜가는 일이다. 다른 사람보다 빨리 가지 않아도 되고, 유행보다 늦었다고 조급해할 필요도 없다. 지금 나의 자산 수준, 나의 투자 성향, 투입 가능한 시간과 감정의 에너지를 기준으로 나에게 맞는 투자 전략을 쌓아가는 것이 더 중요하다. 부자의 길을 걷고 싶다면 그들이 지금 걷는 길보다 그들이 과거에 걸었던 길을 먼저 살펴보자. 거기엔 지금의 나에게 필요한 단서들이 있다.

주식투자의 첫걸음은 기업분석부터

# 주식, 전문가가 아니라 동반자로

## 01 주식은 누구에게나 열려 있다

주식, 많은 사람들이 돈을 벌기 위한 수단이자 삶의 중요한 도구로 바라본다. 나 역시 그랬다. 처음에는 단순히 돈을 벌기 위한 방법으로 시작했지만 어느 순간부터 주식은 그 이상의 의미를 가진 도구로 다가왔다. 대학을 중퇴한 후 나는 작은 온라인쇼핑몰을 운영했다. 오랜 기간 수입이 들쭉날쭉했다. 아르바이트를 투잡으로 하며 많을 때는 월 400만 원, 적을 때는 100만 원 이하로도 벌었다. 적게 벌면 적은 대로, 시간이 많아 좋았다. 일찍 집에 가서 퇴근하는 가족을 기다릴 수 있다. 따뜻한 한낮에는 동네 산책을 하거나 근처 시장에 가서 화분을 골라왔다. 통상적인 생각대로라면 수입이 적을수록 바쁘게 일해야 할테지만 세월아 네월아 아무것도 하지 않고 생각만으로 하루를 보내기도 했다. 그러니까 세상의 기준으로 보면 '비생산적'이고 어쩌면 '게으른' 일상이었지만 그렇게 살아가는 감각이 내게는 잘 맞았다. 다만, 그것이 계속될 수 있을지에 대한 불안은 늘 마음 한켠에 있었다. 주식을 시작한 이후 꿈꾸는 삶을 위한 중요한 수단으로 주식이 될 수 있다는 희망이 생겼다. 처음에는 주식을 용돈벌이나 수익을 위한 수단이라고만 생각했지만 점점 삶을 주도적으로 선택할 가능성을 열어주는 도구처럼 느껴졌다. 주식에 대해 배우고, 투자하는 과정에서 내가 원하는 것과 나 자신을 돌아보는 기회도 되었다. 이 길이 반드시 정답은 아니고 앞으로 어떻게 흘러갈지도 알 수 없지만 주식투자를 통해 조금 더 내 삶에 집중할 기회를 얻고 있다는 걸 느낀다.

주식은 비전공자라도 전문 지식이 없어도 누구든지 도전할 수 있다. 주식을 처음 시작했을 때 나는 아무런 지식도 없었다. 학창시절 못했던 과목이 경제사회였고, 금융학을 전공한 것도 아니었고, 주식에 대해 깊이 아는 사람도 주변에 없었다. 그저 '돈을 벌 수 있겠지?'라는 막연한 생각으로 시작했다. 주식은 나이가 많거나 적은 사람, 직업이 무엇이든 또는 전공이 무엇이든 누구나 시작할 수 있다.

주식은
전공보다 질문

자격보다 탐구와 기록 습관이다.

## [02] 시간과 장소에 구애받지 않는 자유

주식에 대해 깊이 공부하고, 원하는 방향으로 투자를 해 나가면서 가장 크게 느낀 점은 바로 이 자유로움이었다. 주식을 하며 집에서, 카페에서, 심지어 여행 중에도 투자할 수 있었다.

출퇴근 시간, 공부하는 시간, 그 어떤 시간도 자신이 투자하고 싶은 시간으로 바꿀 수 있다. 언제 어디서든 혼자서도 충분히 할 수 있는 것, 그 방식의 자유로움이 주식이라는 도구의 가장 큰 장점이다. 주식투자를 통해 우리는 더 많은 선택을 할 수 있다. 하고 싶은 일에 더 많은 시간을 투자하거나 사랑하는 사람들과 더 많은 시간을 보내는 것 등 주식이 가져다주는 가장 큰 자유로움이 아닐까?

- 시간의 유연성 : 원하는 시간에 공부하고 투자할 수 있다.
- 장소의 제약 없음 : 집, 카페, 출퇴근길에서도 가능하다.
- 소자본으로도 시작 가능 : 몇만 원부터 시작하며 경험을 쌓을 수 있다.
- 지속 가능성 : 나이와 관계없이 평생 할 수 있는 활동이다.
- 의사결정의 주체성 : 스스로 분석하고 판단하는 힘을 길러 준다.

# 주식에 관한
# 세 가지 오해

## 01 주식은 도박이다?

주식을 알아가다보면 자신이 갖고있던 주식에 대한 오해를 마주하는 경험을 한다. 특정한 부분을 오해라고 단정하기는 조심스럽지만 섣불리 가졌던 생각들이 주식에 접근하는 걸 어렵게 하고, 수익을 가로막고 있다는 걸 생각하면 아쉬움이 남는다. 주식을 시작하기 전의 나는 경제에 대해 거의 문외한이었다. 지금도 배우는 중이지만 당시에는 코스피와 코스닥의 차이도 몰랐고 주가가 왜 오르고 내리는지도 이해하지 못했다. 숫자들이 매일 변하는데 대체 누가 이걸 정하는 거지? 시장이란 게 뭐고, 주식이란 게 도대체 어떻게 돌아가는 건데?

필자도 처음에는 주식을 사이버머니처럼 여겼다. 인터넷에서 '이 종목 강력 추천'이라는 글을 보고 덜컥 사기도 했고, 친구가 "이거 오를 거래"라고 하면 깊이 생각하지 않고 매수 버튼을 눌렀다. 운이 좋으면 몇만 원 벌었고, 운이 나쁘면 순식간에 손실이 났다. 그때는 이렇게 생각했다. "아, 역시 주식은 도박이야" 그런데 곰곰이 생각해보면 그때는 주식을 도박처럼 하고 있었다. 무작위로 사고팔고, 이유 없이 뛰어들고, 제대로 공부하지 않은 채 운에 기대던 그 방식이 문제였던 건 아닐까? 주식 자체가 도박이었던 게 아니라 내가 주식을 도박처럼 하고 있었던 것은 아닐까?

이후 공부를 시작하면서 주식이 단순한 도박과는 다르다는 걸 깨달았다. 기업의 사업 모델이 어떻게 돌아가는지, 매출과 이익이 어떻게 변하는지, 경쟁사는 어디인지, 이런 것들을 분석하면서 생각이 바뀌어 갔다. 어떤 주식을 사야 할지 정하기 이전에 어떤 기업의 주식을 소유하고 싶은지로 관점이 변했다. 주식투자에서의 운은 배제할 수 없다. 아니 어쩌면 아주 크게 작용한다. 하지만 그렇다고 운만으로 되는 것도 아니다. 그 운을 잡는 것 또한 자신만의 판단력이 준비되어 있어야 한다. 주식을 이해하고 공부하면 운보다 판단이 더 중요해진다는 걸 알게 된다.

같은 기업의 주식으로 누군가는 돈을 잃고, 누군가는 돈을 번다. 주식은 그 자체로 도박이 아니라 투자하는 사람의 태도에 따라 도박이 될 수도 있고, 투자가 될 수도 있다. 도박처럼 여기는 사람에게 주식은 도박이고, 진지하게 임하는 사람에게 주식은 투자가 된다. 주식은 도박이라는 생각 때문에 주식을 시작조차 하지 않는 사람도 많을 것이다. 나는 이렇게 질문을 던져본다.

"우리가 주식을 도박처럼 하고 있는 건 아닐까?"

## [02] 주식은 정보력 싸움이다?

투자 성공을 방해하는 보편적인 생각 중 하나는 주식이 정보력 싸움이라고 여기는 것이다. 많은 사람들이 회사에서 진행되는 알려지지 않은 기술이나 전략을 알면 주식이 오를지 미리 알 수 있다고 생각하거나 뉴스에 아직 나오지 않은 정보를 알아야 한다고 믿는다. 반면, 뉴스에 나온 정보는 이미 늦어버려 돈이 되지 않을 것이라고 생각하는 것도 마찬가지로 주식이 정보 싸움이라는 오해에서 비롯된 생각이다.

하지만 주식이 정보력 싸움이라면 애초에 이는 불공평한 게임이다. 주식 투자의 수익이 정보의 비대칭에 의해 결정되는 것이라면 개인투자자는 항상 기관투자자나 경제 전문가, 회사 내부자들에 비해 낮은 수익률을 기록해야 한다는 말이다. 예를 들어, 삼성전자 주식에 대해 삼성전자 내부 상황을 잘 아는 직원이 일반 투자자보다 더 높은 수익률을 내는 게 당연할 것이다. 하지만 주위를 둘러보면 그런가? 역대 시장에서 큰 수익을 거두고 살아남은 투자자들은 경제 전문가나 기업 관계자가 아닌 상대적으로 정보 접근성이 낮다고 할 수 있는 개인투자자들이었다. 이를 보면 정보력과 수익이 비례하지는 않는다. 증권시장에서 투자에 필요한 정보는 투명하게 공개되도록 되어 있다. 기업 공시를 통해 개인투자자는 얼마든지 투자에 필요한 정보를 확인할 수 있다. 숨겨진 정보를 알아내기보다도 이미 공개된 사실을 어떻게 활용할지가 더 중요하다. 과거보다 정보를 접하기 훨씬 쉬워졌다. 이 책의 4 파트에서 다룬 것처럼 다양한 매체에서 다양한 방식으로 정보를 가공하고 제공한다. 사업보고서나 신문처럼 세상에 나온 소식을 바탕으로 자신의 의견을 만들어내고, 흐름을 읽어내는 노력이 정보력보다 중요하다.

오히려 지나치게 많은 정보는 오히려 투자에 방해가 될 수 있다. 만약 숨겨진 비밀 같은 정보로 주가가 변동한다면 우리는 어떻게 대응해야 할까? 주가가 올랐다면 그만큼 좋고, 내린다고 해도 그 주식을 매수했던 투자 포인트가 여전히 유효하다면 믿음을 가지고 보유하면 된다. 숨겨진 정보에 지나치게 집중하는 순간, 주식에 대한 주도권은 자신의 손을 떠난다. 정보의 출처를 알 수 없고, 그로 인해 스스로 판단하기보다는 인맥이나 동료의 말에 의존하게 되는 것이다. 우리가 원하는 주식 투자는 그런 방식이 아니다.

우리는 사소한 정보나 변화에 반응하는 투자가 아니라 직접 공부하고 공개된 자료를 바탕으로 판단하는 투자를 원한다. 그렇기 때문에 지나치게 숨겨진 정보나 떠도는 소문에 의지하기보다는 직접 공부한 내용을 바탕으로 투자하는 힘이 필요하다.

## ⌈03⌉ 주식은 목돈을 먼저 모아야 한다?

주식을 시작하려면 목돈이 필요하다고 생각하는 경우가 있다. 목돈을 모으는 과정은 투자를 하는데 분명 도움이 된다. 절약하는 습관을 기르고, 절제하는 훈련이 되어준다. 나역시 목돈을 모으는 경험에서 돈을 관리하는 습관을 익혔고, 투자를 하면서도 목돈이라는 든든한 현금자산의 중요성을 절감한다.

그렇지만 목돈이 있어야만 주식투자를 시작할 수 있는 것은 아니다. 지난 선택을 뒤돌아 보았을 때 다행이라고 생각하는 게 있다면 적은 돈으로 주식을 시작했다는 점이다. 주식투자를 시작하면 누구나 처음으로 잃는 경험을 하게 된다. '초심자의 행운'이라는 용어가 있다고 해도, 모든 시장 참여자는 한 번은 돈을 잃게 마련이다. 그래서 목돈을 모으고 주식투자를 시작하면 소중히 모은 큰 돈을 잃는 경험을 할 확률이 올라간다. 노력해서 모은 돈을 잃는 경험은 생각만해도 속상하다. 그래서 어차피 잃는 경험을 하게 될 거라면, 주식투자와 목돈 모으기를 동시에 시작하기를 권해본다. 이미 한 두 차례 잃은 경험이 있는 사람에게도 기회는 있다. 손실을 한번에 만회하기보다도 적은 돈으로 실패와 성공을 반복하며 주식투

주식투자의 첫걸음은 기업분석부터

자를 해나가자.

　실제로 주식에서 중요한 것은 돈의 크기가 아니라 경험이다. 투자금을 모으느라 몇 년을 기다리는 사이, 주식시장의 흐름을 읽는 감각을 기를 기회는 사라진다. 반면, 적은 돈으로라도 일찍 시작하면 실제 시장에서 배우는 시간이 늘어난다. 처음엔 행운이 따를 수도 있고, 반대로 손실을 볼 수도 있다. 하지만 작은 돈으로 겪는 실패는 값비싼 수업료를 내지 않아도 되는 좋은 기회다. 투자에서는 누구나 시행착오를 겪게 마련인데 경험이 쌓이면 점점 더 나은 선택을 할 수 있게 된다.

　물론 적은 돈으로 투자할 때와 큰 금액을 운영할 때의 심리는 다르다. 그러나 **처음부터 큰돈을 투자해 실수를 크게 겪는 것보다는 적은 돈으로 시행착오를 겪으며 감각을 키우는 것이 훨씬 낫다.** 게다가 투자 경험을 쌓는 동안 자연스럽게 돈을 모으는 습관도 함께 길러진다. 많은 사람이 돈을 모은 뒤에야 투자해야 한다고 생각하지만 오히려 버는 것과 동시에 투자하는 것이 더 좋은 방법일 수 있다. 시간을 아끼고, 장기적으로 더 안정적인 투자 습관을 만들 수 있기 때문이다. 언젠가 주식을 해야겠다고 생각하고 있다면 '언젠가'가 아니라 '지금부터' 시작하는 게 더 나은 선택일지도 모른다.

# ⌜04⌟ 첫 투자금, 나쁜 실패와 좋은 실패

주식을 처음 시작했을 때 투자에 대한 깊은 고민 없이 '재미 삼아' 소액을 넣어보곤 했다. 그러다 본격적으로 투자금을 마련해 진지하게 주식에 뛰어들었다. 그리고 첫 투자금 중 30만 원을 단 5분 만에 잃었다. 그때 깨달았다. "준비되지 않은 상태에서 투자하면 결국 손해를 본다. 하지만 이 손해가 나에게 값진 교훈을 남길 수 있다면 그것은 더 큰 손실을 막아주는 수업이 될 수 있다." 그날 이후부터 충동적으로 주식을 사지 않았고, 차트가 아니라 기업을 공부하기 시작했다.

실패는 피할 수 없지만 실패를 통해 배우는 태도는 선택할 수 있다. 투자금을 잘 잃어보자. 주식투자는 돈을 벌기 위한 것이지만 역설적으로 가장 먼저 배워야 할 것은 돈을 잃는 법이다. 처음부터 성공하는 투자자는 없다. 실수 없이 완벽한 투자를 기대하는 순간, 오히려 큰 실패를 맞이할 가능성이 높아진다. 처음부터 큰 금액을 투자해 큰 실패를 경험하는 것보다, 적은 돈으로 시행착오를 겪으며 배워가는 것이 더 낫다. 시장의 변동성을 체험하고, 감정적으로 휘둘리지 않는 법을 익히고, 무엇보다 '돈을 지키는 법'을 배워야 한다. 그러니 주식을 시작하려고 마음먹었다면 목돈이 모일 때까지 기다릴 필요 없다. 작은 돈부터 시작해 경험을 쌓아라. 실패를 겪더라도 그 경험이 나중에 더 큰 투자금을 운용할 때 소중한 밑거름이

될 것이다. 중요한 건 투자를 통해 돈을 잃지 않는 것이 아니라 잘
잃고 제대로 배우는 것이다.

# 내가 사면 떨어지고
# 팔면 오르는 이유

## 주식은 제 갈 길을 갈 뿐이다

유명한 머피의 법칙처럼 주식투자의 세계에서도 진리처럼 작동하는 법칙이 있다. 꼭 내가 주식을 사면 주가가 떨어지고, 팔면 오르는 법칙... 마치 주식의 신이 나를 돕지 않는 기분마저 든다. 오죽하면 '인간지표'라는 주식세계 은어가 있을 정도다. 늘 내가 사면 떨어지고 팔면 오르니, 자신이 투자의 지표가 된다는 해학적 표현이다. 주식은 도대체 왜 이러는 걸까? 알고 보면 단순한 이유인데 단순해서 간과하는 것일지도 모른다.

내가 사면 떨어지고 팔면 오르는 첫 번째 이유, 주식은 본래 오르고 내리는 존재다. 시장의 흐름에 따라 주가는 매일 등락을 반복한다. 내가 산 주식이 떨어지는 것도, 내가 팔고 난 주식이 오르는 것도 시장의 자연스러운 움직임일 뿐이다. 하지만 우리 입장에서는 계좌에 숫자가 보이니까 주가가 떨어지면 크게 각인 되고, 팔고 난 다음 미련이 남아서 보면 또 올라있다. 산 주식이 떨어지면 "내가 잘못 판단했구나"라고 생각하고, 반대로 판 주식이 오르면 억울함을 느낀다. 주가의 오르내림을 자신의 판단과 연결 짓는다. 이 연결은 대개 감에 의존한 투자에서 비롯된다. 초보 투자자는 스스로도 감으로 투자했다는 걸 알고 있다. 그래서 주식의 엇갈림이 자신이 감정대로 투자했기 때문이라고 여긴다. 감으로 투자했기 때문에 돈을 잃는 것은 맞는 말이긴 하지만, 그 이유가 아니더라도 주식은 본디 등락을 반복하는 존재다. 주식은 우리를 신경 쓰며 움직이는 존재가 아니다.

주식을 내가 사면 떨어지고 팔면 오르는 이유가 자신의 '타이밍'이 잘못되어서라는 생각은 다음 문제를 낳는다. 다음에 다시 잘하면 타이밍을 맞출 거라고 기대하게 만든다. 감 투자에서 비롯된 실패는 또다시 감 투자를 부르고, 타이밍을 예측하려는 시도는 실패로 끝날 확률이 높다. 나의 경험이 그랬고, 주변을 둘러보면 투자가 실패로 끝난 이후에 주식을 거들떠도 보지 않는 경우가 허다했다. 초기에 경제 뉴스를 보고 특정 섹터가 유망하다는 이야기를 듣거나 주변에서 "이 종목은 꼭 오른다"는 말을 듣고 섣불리 매수했다가 후회하곤 했다.

시간이 지나며 깨달은 점은 주가의 등락은 내 잘못 때문이 아니라는 것이다. 투자의 대가들이 말하는 것처럼, 주식은 나를 모른다. 그리고 이를 받아들이는 과정에서 점차 투자에 대한 관점이 바뀌었다. '왜 내가 사면 떨어지고 팔면 오를까?'라는 질문 대신, '어째서 그런 느낌을 받을까?'라고 질문해보자. 주식의 특성을 있는 그대로 인정하고, 자신의 행동패턴에서 원인을 찾아보는 것이다.

## 02 본능이 투자에 미치는 영향

"주식은 제 갈 길을 가는데, 왜 주식을 사면 떨어지고 팔면 오른다고 받아들일까?" 주식 투자에서 또 다른 주요 문제는 우리의 본능이다. 본능은 생존을 위해 작동하며 안전한 선택을 지향한다. 그러나 주식 시장에서 '안전함'이란 우리가 흔히 아는 기준과는 다를 수 있다. 우리는 본능적으로 다른 사람들을 관찰하며 안정성을 확인한다.

본능과 관련한 무리 동물 이야기가 있다. 무리 지어 다니는 동물은 다른 개체가 물을 마시는 걸 보고 안전하다고 판단이 되면 비교해 마실 수 있기 때문에 생존의 장점이 있다는 것이다. 옆의 동물을 관찰하고 모방하면서 안정성을 확보한다. 주식 시장이 이와 흡사하다. 본능에 따르자면 많은 사람이 특정 주식을 매수할 때 이를 따라

가면 안전하다고 느낀다. 반대로, 따라하지 않으면 위험하다는 불안감이 생긴다. 그러나 그 순간 이미 시장은 과열 상태에 가까워져, 내가 투자한 이후 주가가 하락할 가능성이 높다.

여기서 중요한 질문이 떠오른다. "왜 나는 항상 집단의 끝자락에서 행동하게 될까?" 이는 본능적으로 안전을 추구하는 우리의 습성과 밀접한 관련이 있다. 하지만 투자에서 안전함이란 단순히 손실을 피하거나 대중을 따르는 것이 아니다. 진정한 안전함은 나만의 기준과 원칙을 세우는 것에서 시작된다. 나 또한 처음에는 집단의 선택을 따랐다. 하지만 시간이 지나며 안전함의 기준을 새롭게 정의했다. 안전함이란 단순히 손실을 피하는 것이 아니라, 주식투자를 하는 목적에 가까워지는 선택이었다. 목적을 향하는 선택, 그것이 안전함이다. 이러한 관점에서 보면 실패를 두려워하지 않았던 순간들은 결코 무모한 행동이 아니었다. 오히려 나에게는 가장 합리적인 선택이었다.

## ⌐03⌐ 지식이라는 양날의 검

필자는 주식투자를 잘하려면 무언가를 많이 알아야 한다고 생각했다. 물론 다양한 지식은 알아두면 도움이 된다. 필요하다면 배워야 할 것들도 있다. 하지만 경험해온 바로는 진짜 중요한 건 '지식의 양'이 아니라 '판단의 방향'이다. 무언가를 많이 알고 있다면 매 순간

올바른 결정을 내릴 수 있는가? 결국 투자는 판단의 반복으로 이어지는 일이다.

사람마다 성향의 차이가 있기 때문에 판단을 도와주는 건 다를 수 있다. 어떤 사람은 지식, 어떤 사람은 경험, 어떤 사람은 논리력... 필자는 '메타인지'와 '사고력'이 판단을 지탱해주는 기반이라고 생각한다. 내 안에는 책으로 쌓인 수많은 거인들의 문장이 있다. 어떨 땐 워런 버핏이, 어떨 땐 찰리 멍거가, 어떨 땐 다른 사려 깊은 투자자들이 마치 내 안에서 속삭이듯 말을 걸어온다. 그 목소리에 귀 기울이며 판단을 내린다. 아이러니하게도 지식이 판단을 방해할 때도 많았다. 배운 걸 적용하려 애쓰다 보면 시장의 흐름보다는 '내가 아는 것'에 집착하게 되고, 큰 그림보다 디테일에 매몰되는 경우가 많았다.

주식 초반에는 타인의 기준을 그대로 정답으로 삼기도 했다. 스스로 판단하지 못하던 시기에는 정보가 넘쳐도 길을 잃기 쉬웠다. 이제는 안다. 지식은 판단을 돕기 위한 도구일 뿐, 그 자체가 기준이 될 수는 없다. 판단력이 지식을 다스려야 하고 지식이 판단을 흐리게 해서는 안 된다. **더 나은 판단을 위해 필요한 건 '더 많은 지식'이 아니라 '경험과 질문을 반복하는 습관'이다.** 경험은 꼭 나의 것이어야 할 필요는 없다. 거인의 이야기로부터 빌려올 수 있다. 그래서 거인들의 이야기나 다양한 투자 서적 등 책에서 경험을 빌려온다. 판단력을 키운다는 건 결국, 내가 어떤 기준으로 세상을 바라보고

결정할지를 스스로 만들어가는 과정이기 때문이다. 투자는 단지 수익을 얻는 일이 아니라, 나의 생각을 점검하고, 선택의 기준을 세워가는 일이다. 그 기준은 누구나 가질 수 있고, 현재진행형으로 기준을 만들어 나가려고 노력해야 한다.

수익이 시작되는
기업분석 준비운동

PART

2

기업분석은 모든 주식 공부의 토대다. 무엇을 팔고, 어떻게 돈을 벌며, 앞으로도 잘 해낼 수 있을지를 스스로 판단할 수 있어야 시장의 소문이나 변동성에 휘둘리지 않는다. 이 파트에서는 기업분석의 기초 감각과 시선을 만들어간다. 특별한 재무 지식 없어도 기업의 흐름과 성장 가능성을 꿰뚫어보는 감각은 충분히 기를 수 있다.

# 기업분석은 모든 투자의 바탕이 된다

## 01  막막한 주식공부, 지금 당장 시작할 수 있는 것

주식 공부를 막 시작하려고 하면 어디서부터 손을 대야 할지 막막하다. 시장도 봐야 한다고 하고, 경제 지표도 이해해야 하고, 차트도 배워야 하고, 심리도 다뤄야 하고, 무엇보다 기업분석까지 해야 한다고 한다. 처음 접하는 사람 입장에서는 이 모든 게 한꺼번에 밀려드는 느낌일 수 있다.

주가는 다양한 요소들이 맞물려 움직인다. 시장 전체의 흐름, 경기 사이클, 투자자들의 심리, 차트 패턴 그리고 기업의 실적과 전망까지 판단에 영향을 주는 변수가 많으니 당연히 복잡하게 느껴진다. 하지만 이 중 일부는 시간과 경험이 필요한 영역이다. 시장의 흐름을 읽는 눈을 기르려면 시간이 필요하고, 심리는 훈련이 필요하며, 경제는 공부할수록 이해가 깊어지는 분야다.

차트는 원칙을 세우고 지켜보는 연습이 필요하다. 그런데 이 모든 것들 중에서 지금 당장 시작할 수 있는 한 가지가 있다. 바로 기업분석이다. 기업은 눈앞에 있는 실체다. 사업보고서, 실적 자료, 뉴스, 리포트처럼 이미 나와 있는 정보들을 가지고 조금씩 읽고, 비교하고, 생각해보는 것부터 시작할 수 있다. 그리고 기업은 주식의 가장 본질적인 출발점이기도 하다.

우리가 사는 것은 '종목'이 아니라 그 종목 뒤에 있는 하나의 회사다. 그 회사를 이해하기 시작하면 판단의 근거가 생기고, 투자에도 중심이 잡히기 시작한다. 처음엔 익숙하지 않을 수 있지만 천천히 읽고 찾아보는 습관이 쌓이면 어느 순간부터 흐름이 보이기 시작한다. 그래서 기업분석을 첫걸음으로 제안하고 싶다. 가장 기본적이면서 지금 시작할 수 있는 구체적인 한 걸음, 그게 기업분석이다.


## [02] 분석은 모든 투자의 기본이다

주식을 공부하는 동안 내가 가졌던 오해는 기업분석이 투자 스타일 중에서도 장기투자에 필요하다고 생각한 것이었다. 단기투자나 주식차트를 보는 방식은 시장의 이슈나 차트만을 중시하는 줄 알았다.

그러나 주식투자의 다양한 책을 읽어보니 차트를 투자지표로 삼는 트레이딩 방식에서도 기업분석은 필수였다. 왜냐하면 차트만 보더라도 보기 좋은 차트를 구축한 주식은 무수히 많다. 수많은 주식에 투자하기는 어렵기 때문에 그 중에서도 우리는 소수의 주식을 골라내야 한다. 소중한 자금을 투자할만한 주식, 수익을 안겨줄 주식을 찾기 위해서는 기업에 대한 이해가 필요하다. 즉, 성공한 투자자들은 장기투자, 단기투자 할 것 없이 기업분석을 할 줄 안다는 점을 말하고 싶다. 기업분석을 한다고 해서 수익이 보장되는 것은 아니지만 기업분석은 모든 투자의 바탕이자 기초 자질이 된다.

## ● 기술적 분석과 기본적 분석

주식을 분석하는 방법에는 크게 두 가지가 있다. 하나는 기술적 분석, 다른 하나는 기본적 분석이다. 투자자마다 성향이 다르고, 접근 방식도 다르기 때문에 어느 것이 더 낫다고 단정하긴 어렵다. 중요한 건 나에게 맞는 방법을 선택하고, 그 안에서 나만의 기준을 만들어가는 것이다.

기술적 분석은 차트를 기반으로 한다. 주가의 흐름, 거래량, 이동평균선, 지지선과 저항선 같은 요소를 통해 매수와 매도의 타이밍을 잡으려는 방식이다. 주식 차트에는 일정한 패턴이 있다는 전제 아래, 적절한 타이밍을 찾아 매수하는 것이다. 단기 매매를 하거나 트레이딩 전략을 쓰는 투자자들에게 많이 활용되는 방식이다. 한눈에 주가 흐름을 파악할 수 있고, 주가 리스크 관리 측면에서 유용하게 쓰일 수도 있다.

반면 기본적 분석은 기업 자체를 들여다본다. 이 회사는 무슨 일을 하는지, 돈은 어떻게 벌고 있는지, 경쟁사는 누구이고, 앞으로 얼마나 성장할 수 있을지를 따져본다. 말하자면 주가의 움직임보다 '왜 이 기업인가'를 먼저 묻는 방식이다. 사업 구조나 재무제표, 산업 성장성, 시장 내 지위 같은 실체를 바탕으로 그 기업의 가치를 판단하려고 한다. 지금 이 주가가 비싼 건지, 싼 건지를 단순히 PER 숫자로만 보지 않고, 그 숫자 안에 담긴 맥락까지 살펴보는 분석이다.

이 책은 기본적 분석을 중심으로 한다. 차트를 보며 단기 흐름을 예측하거나 매수 타이밍을 잡는 방법을 알려주지는 않는다. 대신 기업의 구조를 이해하고, 성장 가능성과 경쟁력을 스스로 판단해볼 수 있는 눈을 기르는 데 집중한다.

## [03] 물지마 투자 대신 무작정 기업분석

그렇다면 주식투자를 하기 전 기업에 대한 어느 정도의 이해가 필요할까?

과거 주식공부를 해야겠다고 마음먹었을 때 기업의 모든 것을 알아야 한다고 생각했다면 시작도 못했을 것이다. 이름만 듣고 사서 물려있던 주식을 뉴스 기사부터 찾아본 게 기업분석의 시작이었다. 회사 이름을 검색해서 나온 기사 링크를 몇 개 붙여넣은 한글 파일을 들고 주식 스터디에 참여했다. 참석하고 보니 다른 스터디원에 비해 자료가 너무 빈약해 부끄러웠다. 하지만 아무것도 모르는 용기 덕분에 무작정 기업을 분석하러 나섰고, 차츰차츰 기업 정보를 알 수 있는 방법을 익혔다.

지금까지도 방대한 자료를 공부하고 깊이 있는 분석을 하는 다른 투자자를 보며 배워가는 중이다. 그렇다고 모두가 깊이 있는 분석을 해야 한다거나 그것이 무조건적인 수익을 벌어준다고 생각하지는 않는다. 주식투자에 쏟을 수 있는 시간과 정성은 사람마다 다르다. 자신이 투자 판단을 내리기에 적절한 정도의 분석을 하면 된다. 너무 어렵게 생각하지 않아도 괜찮다. 기업분석은 결코 전문가만의 영역이 아니다.

다만 우리가 개인투자자로서 시장에 투명하게 공개된 주요 정보들만큼은 파악하자는 얘기를 하고 싶다. 기업이 어떤 사업을 하는지, 어떻게 돈을 벌고 있는지, 재무 상태는 건전한지 그리고 앞으로 성장할 가능성이 있는지를 살펴보는 것으로 투자 판단의 기초를 마련할 수 있다. 마치 요리를 처음 배울 때 복잡한 레시피를 외우는 대신, 기본적인 재료 손질법과 불 조절부터 익히는 것이 요리에 대한 자신감을 키워주는 것처럼 기업분석도 꼭 필요한 요소부터 하나씩 익혀보자. 지금껏 묻지도 따지지도 않고 주식투자를 해왔다면 앞으로는 묻지마 투자 대신 무작정 기업분석을 시작하자.

# 기업분석을 도와주는
# 2가지 준비운동

## [01] 주식은 새로운 언어의 세계

주식에 관한 글을 쓰다 보면 어느 부분까지 설명해야 할지 애매할 때가 있다.

읽는 사람을 완전한 입문자로 가정할지, 기본 지식이 있는 사람으로 봐야 할지 결정하지 못하면, 결국 이것저것 설명이 덕지덕지 붙어서 읽기 부담스러운 글이 되곤 한다. 나도 그랬다. 주식 관련 글을 처음 읽었을 땐 모르는 게 너무 많았다. 읽다가 막히고, 다시 앞으로 돌아가고, 단어 하나에 오래 머무르던 때가 있었다.

자산, 자본, PER, ROE같은 단어도 낯설었다. '강아지가 사과를 좋아해요'라는 문장을 읽는데 강아지도 사과도 모르는 기분이었다.

문장의 구조는 알겠는데, 단어의 뜻이 떠오르지 않으니 전체 맥락이 막혀버렸다.

주식을 공부한다는 건 일종의 언어를 배우는 일과 같다. 주식 공부에는 일상에서 잘 쓰지 않는 단어들이 많고, 어떤 단어는 원래 알던 뜻과는 전혀 다르게 쓰이기도 한다. 업계 특유의 표현이나 번역투 문장도 자주 보인다. 처음엔 낯설지만 언어를 익히듯 자주 보고 반복하다 보면 조금씩 익숙해진다. 그래서 닥치는 대로 읽기 시작했다. 사업보고서, 증권사 리포트, 블로그 글, 책까지, 처음엔 이해가 잘 안됐지만 멈추지 않았다. 모르는 단어는 찾아보고, 흐름을 놓쳐도 다시 읽고, 그런 식으로 하나씩 익혀갔다. 외우려 하지 않고, 그냥 자꾸 접하면서 감을 익히는 식이었다. 어느 순간부터 문장이 읽히고, 구조가 눈에 들어오기 시작했다.

그래서 주식에 처음 입문할 때 중요한 건 용어에 겁먹지 않는 태도라고 생각한다. 모르면 찾아보고, 궁금하면 메모하고, 자꾸 접하다 보면 점점 익숙해진다. 언어를 배우듯 주식도 배우는 것이다. 처음부터 완벽히 이해하려 하지 않아도 된다. 중요한 건 멈추지 않고 계속 읽어가는 힘이다.

PART 2. 수익이 시작되는 기업분석 준비운동

**섹터** 비슷한 업종끼리 묶은 산업군을 의미한다. 같은 섹터 기업들은 비슷한 흐름을 타는 경우가 많기 때문에 업황을 함께 살펴보면 도움이 된다.

**밸류에이션** 기업이 현재 주가 기준으로 싸거나 비싼지를 평가하는 과정. PER, PBR같은 지표로 이뤄지며, 투자할 때 현재 가격이 과한지 저평가인지 판단하는 기준이다.

**모멘텀** 주가의 흐름이나 상승 기세, 탄력, 뉴스, 실적, 수급 등이 주가에 긍정적인 영향을 줄 때 "모멘텀이 좋다"는 표현을 쓴다.

**유동성** 시장이나 종목에 돈이 얼마나 잘 돌고 있는지를 나타낸다. 유동성이 많을수록 거래가 활발하고 주가가 오르기 쉽다. 반대로 유동성이 부족하면 상승 탄력이 약해진다.

**하방경직성** 주가가 쉽게 떨어지지 않는 안정적인 구조이다.

**업사이드** 현재 주가 대비 더 오를 수 있는 여지를 의미한다. "업사이드가 크다"는 표현은 상승 여력이 높다는 뜻이지만 실제 실현 가능성도 함께 따져야 한다.

**오버슈팅** 주가가 단기적으로 너무 과하게 오른 상태. 좋은 뉴스가 나와도 이미 주가가 많이 올랐다면 되려 조정이 올 수 있으니 주의가 필요하다.

**상승 동력** 주가를 끌어올릴 수 있는 근거. 실적 개선, 신사업, 정책 수혜 등이 상승 동력으로 작용할 수 있다.

**사업다각화** 여러 사업 분야를 운영해 리스크를 분산하는 전략. 하나의 사업이 흔들려도 전체 기업이 크게 흔들리지 않아 실적 안정성에 유리하다.

**역성장** 전년 대비 실적이 줄어드는 현상. 기업의 성장성이 꺾였다고 해석될 수 있고, 반복되면 투자 매력이 줄어들 수 있다.

**재무 레버리지** 빚을 활용해 수익률을 높이는 구조. 이익이 클 땐 효과적이지만 실적이 나빠지면 손실이 더 커질 수 있어 위험성도 크다.

**컨퍼런스콜, 컨콜(Conference Call)** 실적 발표 후 애널리스트와 기업 간의 질의응답 회의. 경영진의 발언에서 미래 전략이나 사업 방향의 힌트를 얻을 수 있다.

**IR(Investor Relations)** 기업이 투자자에게 자사 정보를 설명하는 공식 활동. IR 자료나 설명회는 기업의 의도와 방향을 파악할 수 있는 중요한 자료이므로 참고 가치가 높다.

**지배구조** 기업의 소유·경영 구조, 대주주의 영향력 등을 말한다. 불투명하거나 대주주 리스크가 있는 경우 주가에 악영향을 줄 수 있다.

**규모의 경제** 생산량이 늘수록 단가가 낮아지는 구조. 고정비가 많은 산업일수록 규모의 경제가 작동하며 이익률이 올라간다.

**실적 턴어라운드** 실적이 개선되는 흐름으로 전환되는 것. 적자 기업이 흑자로 돌아서거나, 실적 부진에서 회복되는 시점에 주가 반등 가능성이 커진다.

**투자포인트** 해당 기업에 투자하는 명확한 이유. "이 기업은 왜 매력적인가?"라는 질문에 스스로 대답할 수 있어야 투자 후 흔들리지 않는다.

**수급** 시장에서의 매수세와 매도세의 흐름. 외국인, 기관, 개인 중 누가 많이 사고파는지를 보면 단기 주가 흐름을 파악할 수 있다.

**컨센서스** 증권사 애널리스트들의 실적 예상 평균값. 실제 실적이 기대보다 높고 낮음에 따라 주가에 단기영향을 준다.

**가이던스** 기업이 스스로 밝히는 미래 실적 전망. 기업이 자신 있게 가이던스를 제시하면 시장 신뢰가 높아지고, 실적 예측도 쉬워진다. 우리나라보다 해외 기업에서 활발하다.

**사이클** 업황이나 실적이 일정한 흐름을 반복하는 산업 구조. 철강, 조선, 반도체 등은 업황 순환 특징이 강한 섹터이다.

# 이름 모를 회사,
# 골리앗이 될 다윗

## [01] 처음 접하는 기업에 대한 두려움

"이 회사 처음 들어보는데, 괜찮을까?"

주식을 처음 시작한 사람이라면 이런 걱정을 해본 적이 있을 것이다. 이름이 낯설면 왠지 불안하다. 이름도 처음 듣는데 무작정 투자해서 쓴맛을 본다. 그래서 망하지 않을 것 같은 대기업 주식을 사 모으거나 사람들이 많이 사는 주도주라면 이유가 있겠거니 짐작하며 따라 산다.

이름이 널리 알려지지 않은 기업이나 시장에서 아직 주목받지 않은 기업에도 투자 기회가 있다는 얘기를 하고 싶다. 작은 기업이라는 이유만으로 투자를 망설이기에는 모든 대기업도 처음엔 작은

| 순위 | 코스피 | | 코스닥 | |
|:---:|:---:|:---:|:---:|:---:|
| | 종목명 | 현재가 | 종목명 | 현재가 |
| 1 | 삼성전자 | 57,700 | 알테오젠 | 368,500 |
| 2 | SK하이닉스 | 192,400 | 에코프로비엠 | 116,700 |
| 3 | LG에너지솔루션 | 339,000 | HLB | 85,800 |
| 4 | 삼성바이오로직스 | 1,100,000 | 에코프로 | 59,500 |
| 5 | 현대차 | 196,000 | 레인보우로보틱스 | 321,000 |
| 6 | 셀트리온 | 184,000 | 삼천당제약 | 194,500 |
| 7 | 기아 | 96,800 | 클래시스 | 59,000 |
| 8 | 삼성전자우 | 45,500 | 리가켐바이오 | 104,900 |
| 9 | NAVER | 213,000 | 휴젤 | 302,500 |
| 10 | 한화에어로스페이스 | 731,000 | 파마리서치 | 305,000 |
| 11 | KB금융 | 77,700 | 코오롱티슈진 | 38,800 |
| 12 | HD현대중공업 | 315,500 | 리노공업 | 198,500 |
| 13 | POSCO홀딩스 | 317,000 | JYP Ent. | 80,600 |
| 14 | 한화오션 | 80,400 | 보로노이 | 148,800 |
| 15 | 현대모비스 | 256,000 | 에스엠 | 98,100 |
| 16 | 메리츠금융지주 | 119,000 | 셀트리온제약 | 53,000 |
| 17 | 신한지주 | 45,000 | HPSP | 26,050 |
| 18 | 삼성물산 | 122,200 | 팹트론 | 91,300 |
| 19 | 카카오 | 43,750 | 펄어비스 | 31,250 |
| 20 | SK이노베이션 | 128,000 | 엔켐 | 90,800 |

▲ 코스피와 코스닥 시가 총액 순위(2025년 3월 기준)

PART 2. 수익이 시작되는 기업분석 준비운동

회사였다. 무엇보다 우리가 처음 듣는 회사일 뿐, 소비자에게 각인되지 않았더라도 실제 시가총액은 상위권이거나 견고한 매출을 올리고 있는 회사들이 더 많다.

앞의 표에서 얼마만큼의 기업을 알고 있는가?

개인투자자인 우리가 어떤 사업을 하는지 설명할 수 없는 기업이라도 증권시장에서는 높은 가치를 평가받으며 거래되고 있다. 낯선 이름의 기업을 두려워할 필요가 없다. 우리는 특정한 규모의 회사를 찾는 것이 아니라 시간을 두고 투자할 가치가 있는 기업을 찾아야 한다. 이름을 처음 들어보거나 규모는 작더라도 자신만의 영역에서 확실한 가치를 만들어내며 꾸준히 성장하는 기업을 찾아야 한다. 큰 수익은 아직 많은 투자자가 주목하지 않은 기업에서 나온다.

처음 들어보는 회사라고 무조건 배제하지 말고 그 기업이 가진 경쟁력을 먼저 살펴보자. 그런 기업들이 우리가 주목해야 할 대상이다.

## ⌈02⌋ '이름'보다 '성장'을 보자

만약 중소기업 주식에 투자하며 두려움이 들 때 지속적으로 주식을 보유하는 전략은 '이름'보다 '성장'을 보는 것이다.

첫 번째, **뉴스보다 실적을 신뢰하자.** 이슈가 발생했을 때 주가는 단기적으로 움직일 수 있지만 실적이 뒷받침된다면 장기적인 성장을 믿고 추가 매수를 하는 기회로 삼을 수 있다.

두려움을 덜어주는 두 번째 방법, **급등주가 아니라 꾸준한 성장주에 투자하는 것이다.** 단기간에 급등한 종목이 아니라 최소한 최근 3년 이상 꾸준한 매출이 성장한 기업인지를 살펴보자. 재무 상태가 건전하고 3년 이상 매출이 매년 10% 이상 증가한 기업이라면 보다 믿음을 갖고 두려움을 덜어낼 수 있을 것이다. 장기적으로 보유하는 기업의 경우 매분기 기업에서 발표하는 사업보고서를 확인한다. 가끔 시장의 흔들림에 기업에 대한 확신이 옅어질 때면 네이버에 들어가서 재무제표를 간단하게라도 훑어본다.

주식을 팔고 싶어질 때는 처음 투자한 이유를 떠올린다. 주가가 출렁일 때 감정적으로 매도하기 전에 처음에 왜 이 기업을 골랐는지 생각해 보고 처음 투자했던 때와 달라짐이 없다는 걸 확인해야 한다. 이렇게 막연한 불안감을 숫자로 확인하면 심리적인 두려움을 객관적인 근거로 바라볼 수 있다. 중요한 건 회사의 규모가 작아서 발생하는 이슈나 리스크가 아니라 성장 가능성이다. 지금 낯설게 느끼는 기업이 미래의 골리앗이 될지도 모른다.

## [03] 매출 성장이 주가 상승을 이끈 사례 '브이티'

흔히 우량주로 분류되는 회사는 아니었지만 매출성장이 주가를 단숨에 키운 사례가 있다. 주가가 3년 동안 6배 이상 성장한 '브이티'라는 회사를 살펴보자.

브이티는 뷰티, 화장품, 헬스케어 사업을 주로 하는 중소기업으로, 아모레퍼시픽과 같은 동종 대기업에 비해 상대적으로 인지도는 낮다. 하지만 브이티는 2016년 코스메틱 사업을 독창적인 제품군과 혁신적인 마케팅 전략으로 빠르게 성장했다. 브이티는 그동안 꾸준히 R&D와 제품 개선에 투자하며 차별화된 브랜드 가치를 만들어 갔고, 중국, 일본 등 아시아 시장과 미국, 유럽 등 글로벌 시장으로 유통망을 확장했다.

그중에서도 '니들샷' 시리즈는 자극 없는 홈케어 제품군으로 화제를 모으며 브랜드 인지도 상승에 기여했다. 이처럼 제품 중심의 마케팅이 강화된 시기에는 실제로 매출 규모와 해외 진출 건수가 증가했고, 그와 동시에 투자자들의 주목도 함께 높아졌다. 개별 제품이 주가에 직접 영향을 준다고 단정할 수는 없지만 인기 제품을 중심으로 브랜드 신뢰도가 상승하면서 기업 가치에 긍정적인 영향을 주었을 가능성은 충분하다. 주식 투자자들이 브이티의 주식을 사기 시작했고, 회사의 주가는 빠르게 올랐다. 한 개의 혁신적인 제품이 회사의 매출과 주식 가격을 동시에 올리는 효과를 가져온 것이다. 2022년 시가총액 약 1,800억 원이었던 기업이 2025년 현재는 1조4천억 원으로 평가받고 있다.

발견한 회사가 자신만의 영역에서 독특한 경쟁력을 발휘하고, 이를 통해 가치가 상승하는 과정을 함께하는 투자에는 성취감이 따른다. 그 기업을 발견하는 과정에서 우리의 투자 여정도 한 단계 성장한다. 결국 용기다. 작은 회사를 바라보는 새로운 시각과 열린 마음을 가지는 작은 변화가 여러분을 남들과 다른 투자자로 만들어 줄 것이다.

▲ 브이티 3년치 주가 변화 /출처 네이버증권

# 04 착한 기업과 좋은 주식은 별개다

사회적 책임을 다하고, 윤리적 경영을 추구하는 기업들은 긍정적인 이미지를 얻곤 한다. 예를 들어, 환경 보호를 위한 노력이나 공정한 노동 관행을 실천하는 기업들이 이에 해당한다. 이들 기업은 브랜드 충성도와 소비자의 신뢰를 얻으며 사회적 평가를 받는다. 하지만 중요한 점은, 이런 '착한 기업'이 주식 시장에서 반드시 좋은 성과를 낸다는 보장은 없다는 것이다. 사회적 책임을 다하는 기업이 주식 시장에서 성공할 것이라는 믿음은 잘못된 기대를 낳을 수 있다. 기업이 윤리적인 경영을 한다고 해서 그 주식이 반드시 좋은 투자처가 되는 것은 아니다. 주식 시장에서 주가는 기업의 사회적 책임과는 별개로 경제적 성과, 수익성, 성장 가능성 등에 의해 움직인다. 주식 투자의 핵심은 결국 기업이 얼마나 수익을 창출할 수 있는지 그리고 성장 가능성이 있는지를 판단하는 것이다.

착한 기업이 자산을 키우지 못하거나 성장 가능성이 부족하다면 그 기업의 주가는 예상과 다르게 움직일 수 있다. 주식 시장에서 투자자들이 가장 중요하게 여기는 것은 기업이 실제로 수익을 낼 수 있는 능력이다. 따라서 기업이 윤리적인 경영을 한다는 이유만으로 그 주식이 좋은 투자처가 된다고 생각해서는 안 된다. 투자자들은 기업이 사회적 책임을 다하는지를 확인하되, 그 기업의 경제적 성과도 면밀히 살펴야 한다.

사회적 책임을 다하는 것이 중요하지만 그것이 주식 시장에서의 성과로 직결되지는 않는다. 윤리적 경영이 주식 투자에서 중요한 요소가 될 수는 있다. 기업이 윤리적이고 사회적 책임을 다한다면 브랜드 가치나 소비자 신뢰를 얻을 수 있다. 하지만 그것만으로 주식의 가치를 평가해서는 안 된다.

기업의 윤리경영이 수익성과 성장 가능성으로 이어질 때 그 기업은 실제로 좋은 투자처가 될 수 있다. 따라서 기업의 윤리경영이 주식 투자에서 중요한 기준이 될 수 있지만 이를 판단할 때는 명확한 경제적 근거가 뒷받침되어야 한다. 주식 투자에서 중요한 것은 '착한 기업'이 아니라 그 기업이 실제로 돈을 벌고, 지속 가능하게 성장할 수 있는지를 판단하는 것이다.

물론 기업이 윤리적 경영을 한다면 이는 기업의 이미지와 브랜드 가치를 높이는 데 긍정적인 영향을 미칠 수 있다. 하지만 투자자로서 우리는 사회적 책임을 다하는 것에만 초점을 맞추지 말고, 그 기업이 경제적으로 얼마나 건전한 성과를 올리고 있으며 미래 성장 가능성이 있는지를 집중적으로 분석해야 한다.

# 알아서 성장하는
# 기업의 2가지 열쇠

## [01] 첫 번째 열쇠, 거스를 수 없는 산업 흐름

매수와 매도를 반복해보며 수익과 손실을 모두 겪다 보니, 장기적으로 좋은 결과를 준 기업들에는 분명한 공통점이 있었다. 그 기업들은 '믿어두면 알아서 성장하는 힘'을 갖고 있었다. 나는 그 힘을 두 가지 열쇠로 정리한다. 첫째, 거스를 수 없는 흐름에 올라타 있는가? 둘째, 시장지배력을 가지고 있는가? 그 두 가지가 장기적으로 성장할 기업을 찾는 힌트다.

거스를 수 없는 흐름이라는 것은 아무리 반대하거나 주춤하는 시기가 있어도 결국 세상이 그 방향으로 흘러갈 수밖에 없는 변화다. 사람들은 언제나 더 편리하고 빠른 삶을 원한다. 이 관점에서 보면 자동화, 인터넷, 인공지능, 로봇 기술은 계속 발전할 수밖에 없다. 이런 기술이 작동하려면 정교한 반도체가 필요하고, 모든 활동이 온라인으로 이동한다면 사이버 보안은 필수 인프라가 된다.

기술이 발전할수록 전력 소비는 증가하고, 이는 친환경 에너지에 대한 수요로 이어진다. 이 모든 흐름은 되돌릴 수 없는 변화다. 장기적인 시각에서 기업을 분석할 때, 해당 기업이 이런 흐름에 올라타 있는지부터 살펴본다.

예를 들어 지금 우리가 목격하고 있는 대표적인 '거스를 수 없는 흐름'은 다음과 같다.

- **AI와 자동화 산업** : 생성형 AI, 로봇 자동화, 머신러닝, RPA 등
- **클라우드와 사이버보안** : 데이터 기반 사회의 인프라
- **전기차와 2차전지** : 탄소중립 및 모빌리티 전환
- **반도체** : 모든 기술의 기반 부품으로서 필수 불가결
- **친환경 에너지** : 태양광, 풍력, 수소 등 탄소중립 대응 산업
- **헬스케어와 바이오** : 고령화, 건강수명 증가에 따른 구조적 수요
- **리츠, 데이터센터** : 부동산의 자산화, 디지털 인프라의 확장

이런 산업들은 단순한 유행이 아니라 **정책, 소비자 수요, 기술 진보라는 세 가지 축이 맞물려 움직이는 구조적 흐름**을 갖고 있다. 기

업이 속한 산업 자체가 성장하고 있기 때문에 기업의 성과도 따라서 같이 성장할 확률이 높아진다.

무엇보다 주가가 상승하려면 그만한 모멘텀이 필요하다. 아무리 실적이 좋고 성장 중인 기업이더라도 시장의 관심을 받지 못해 주식 거래가 활성화되지 않으면 무용지물이다. 주식투자 목적은 수익을 내는 것이다. 거스를 수 없는 산업군은 시장의 분위기에, 산업이 크게 변화함에 따라 주목을 받기 수월하다. 그래서 장기투자로 보유할 전략에서 주식의 단기 변동성에도 버티고 기업을 믿고 보유할 힘이 되어준다.

## 02 두 번째 열쇠, 시장지배력

시장지배력이란 말 그대로 기업이 시장에서 경쟁 우위를 확보하고 있는지를 뜻한다. 단순히 시장점유율이 높다는 의미에 그치지 않는다. 그보다는 '이 기업이 시장의 흐름을 주도할 수 있는가', '경쟁사가 쉽게 따라올 수 없는 무언가를 가지고 있는가'를 본다.

지배력이 있는 기업은 대체로 가격을 스스로 정할 수 있다. 경쟁사보다 비싼 가격에 제품을 팔아도 소비자들이 계속 찾는 구조다. 브랜드 신뢰나 기술력 혹은 생태계에서의 독점적 위치가 그 기반이 된다. 또 하나의 특징은 쉽게 따라 할 수 없는 규모와 구조를 갖추고 있다는 점이다. 생산량이 늘어날수록 단가가 낮아지는 '규모의 경제'나 고객이 진입하면 다른 곳으로 옮기기 어려운 서비스 구조가 대표적이다.

이런 시장지배력은 숫자로도 드러난다. 같은 산업에 있는 기업들이 대부분 7%대의 영업이익률을 기록하는데, 특정 기업만 15% 이상을 꾸준히 유지하고 있다면 그 차이는 단순한 경영 효율이나 운 때문이 아니라 그 기업이 시장에서 받는 프리미엄 때문일 가능성이 크다.

특히 일반 소비자에게는 잘 알려지지 않았지만 기술 산업의 제조나 유통 과정 안에서 확실한 자리를 차지한 기업들을 주의 깊게 봐야 한다. 예를 들어 반도체 소재나 장비, 부품같은 분야에서 거래처를 상대로 '슈퍼 을'의 위치를 갖고 있는 기업들이다. 그들의 기술력은 대체되기 어렵고, 한 번 거래가 시작되면 쉽게 빠져나오기 힘든 구조가 만들어진다.

필자는 이런 기업들을 좋아한다. 단숨에 눈에 띄지 않지만, 묵묵히 성장해나가며 기업가치를 올려가기 때문이다. 이 기업이 정말로 우위를 갖고 있는가 그리고 그 우위가 지속 가능한 구조인가... 기술력이든, 브랜드든, 누적된 경쟁력에서 나오는 힘이다.


## [03] 알아서 성장하는 기업의 사례 '파크시스템스'

파크시스템스라는 기업을 처음 분석했던 건 2020년 7월 무렵이었다. 당시 시장의 분위기를 떠올려보면 2020년 3월 코로나19 팬데 믹으로 전세계적으로 증시 충격 이후, 투자자들의 매수세가 몰리며 시장의 분위기가 반전되던 때였다. 증시가 빠른 회복세를 보이면서 언택트 관련주, 전기차와 2차전지, IT/플랫폼 주식이 주도주로 부상 했고, 디지털 인프라 수요의 증가에 따라 반도체 섹터 역시 주목받 았다. 파크시스템스는 반도체 장비사로 분류되곤하는 기업이지만 다른 반도체섹터 종목에 비하면 거래량이 적고 시장을 주도하는 종 목은 아니었다.

필자는 우연히 파크시스템스를 분석하며 이 기업에 주목했다. 파크시스템스는 산업용, 의료용, 연구용에 쓰이는 원자현미경을 만 드는 회사다. 이 회사의 제품들 중 반도체 공정 과정에서 반도체 계 측/검사에 사용되는 원자현미경에 주목했다. 반도체, AI, 정밀 소재 산업이 커질수록 이런 정밀 계측 장비는 필수적으로 성장할 수밖에 없다고 생각했다. '반도체의 미세화'라는 산업의 흐름 위에 올라탄 기업이었고, 시장지배력도 명확했다. 이 기업은 원자현미경의 근본 이 되는 기술, 즉 원천기술을 보유하고 있었다. 그에 더해 시료를 건 드리지 않고 계측하는 '비접촉 계측' 특허기술을 10년간 유지하며 경쟁사와 차별성을 유지하고 있었다. 기술 경쟁을 단편적으로 판단 하긴 이르지만 고객사가 글로벌 반도체 기업들이며 수주와 매출이 꾸준히 성장하는 점을 보고 시장지배력이 있다고 판단해 투자를 진 행했다. '반도체의 미세화'라는 산업의 흐름, 시장지배력이라는 2가지 열쇠가 매력으로 다가왔다. 2020년 7월 당시 5~6만 원대였던 주가는 2025년 4월 기준 20만 원대로 형성되어 있다.

필자는 소액에서 시작해 꾸준한 매수를 통해 현재 약 50%의 수익률로 해당 주식을 보유 중이다. 2020년 큰 상승 이후 2022년 시장이 불안정해지고 파크시스템스의 주가가 하락했을 당시 점검해보니 투자할 가치가 있다고 생각했던 이유에는 변함이 없었다. 불안정한 시장이었지만 파크시스템스의 주식을 모으며 집중 투자를 결정했다. 그 결과 2023년 주가를 회복하며 장기적으로 우상향하는 모습을 보여주었다.

이 투자를 통해 깨달은 점은 거스를 수 없는 산업 흐름에 올라타 기술적 입지를 다져가는 기업은 실적이 성장하고, 그것이 장기적으로 주식 가치에 반영된다는 점이다. 시장이 흔들리더라도 거대한 산업 흐름과 시장지배력이라는 2가지 가치는 쉽게 사라지지 않는다. 주가가 하락할 때도 믿음을 갖고 길게 보유할 가치가 있다.

기업을 분석할 때 수많은 정보에 휘둘릴 수 있다. 가장 단순하고 기준은 기업이 흐름을 타고 있는지 그리고 그 안에서 살아남을 힘이 있는지를 확인해보자. 기업이 자연스럽게 성장할 수 있는 구조를 갖고 있는지를 보는 것, 이 두 가지 질문으로도 좋은 기업을 찾는 눈이 조금씩 길러진다.

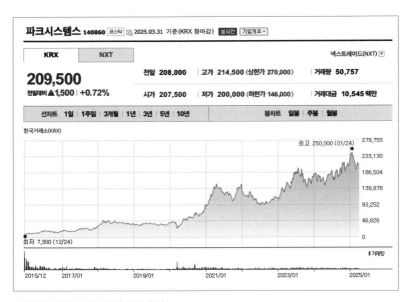

파크시스템스 140860 코스닥 📊 2025.03.31 기준 (KRX 장마감) 실시간 기업개요 ▾

| KRX | NXT | | 넥스트레이드(NXT) ? |

**209,500**
전일대비 ▲1,500 | +0.72%

전일 **208,000** | 고가 **214,500** (상한가 270,000) | 거래량 **50,757**
시가 **207,500** | 저가 **200,000** (하한가 146,000) | 거래대금 **10,545 백만**

선차트 1일 | 1주일 | 3개월 | 1년 | 3년 | 5년 | 10년    봉차트 일봉 | 주봉 | 월봉

한국거래소(KRX)

최고 250,000 (01/24)
279,755
233,130
186,504
139,878
93,252
46,626
0
최저 7,300 (12/24)

▮ 거래량

2015/12　2017/01　2019/01　2021/01　2023/01　2025/01

▲ 파크시스템스 최근 10년 주가 추이

주식투자의 첫걸음은 기업분석부터

# 워런 버핏은 싸게
# 사라고 하지 않았다

## 01  PER을 바라보는 다양한 관점

주식투자를 막 시작했을 때는 가격이 오르는 주식을 따라 샀다. 쓴 맛을 본 이후에는 시선이 바뀌었다. 기업이 가진 내재가치보다 주가가 저렴한 주식을 사야 안전하게 수익을 낼 수 있다고 어디선가 배웠다. 가치투자를 알고 나서는 오르는 주식은 무조건 제외를 했다. '지금이 저점인가?', '얼마까지 빠지면 살까?'를 기준으로 기업을 바라보았다. 하지만 지금은 싸게 사라는 말을 조금 다르게 받아들이게 됐다.

워런 버핏은 '싼 주식'을 사라는 말을 자주 했지만, 그가 말한 '싼 주식'은 가격이 낮은 주식이 아니라 기업의 가치 대비 충분히 매력적인 가격에 거래되는 주식이었다. 즉, 버핏이 중요하게 여긴 건 '얼마에 사느냐'보다 '무엇을 사느냐'였고, 그 기업이 가진 본질적인 가치와 장기적인 수익력을 먼저 판단했다. 누군가에겐 고평가로 보이는 기업도 누군가에겐 충분히 가치 있는 가격일 수 있다. 투자의 기준은 누구에게나 같을 수 없고, 자신의 투자방식과 기업분석 관점에 따라 적정가치에 대한 해석도 달라질 수 있다.

> "훌륭하지 않은 회사를 아주 싸게 사는 것보다, 훌륭한 회사를 적정한 가격에 사는 것이 훨씬 낫다."
>
> -워런 버핏


## ● PER이 낮으면 저점이고, 고PER이면 비싼 걸까?

투자를 처음 시작했을 때, 나 역시 PER이라는 숫자를 단순하게 받아들였다. 'PER 10배는 싸다', '30배면 너무 비싸다' 같은 식의 해석이 많았고, 그게 기준처럼 느껴졌다. 하지만 실제로 기업에 투자하고 그 흐름을 지켜보면서 느낀 건 **PER은 숫자 자체보다 '무엇을 기준으로 판단하느냐'가 훨씬 중요하다는 것**이었다. PER(Price to Earnings Ratio)은 '이 기업의 이익 대비 현재 주가가 몇 배인지'를 보여주는 지표다. 쉽게 말해 지금의 주가가 몇 년 치 이익의 가격인가를 나타낸다.

주식투자의 첫걸음은 기업분석부터

**PER = 주가 ÷ 주당순이익(EPS)**

예를 들어 한 기업의 주가가 100, 주당순이익이 10이라면 PER은 '100 ÷ 10 = 10배'가 된다. PER이 10이라면 이익이 변하지 않는다는 가정 아래 10년간 벌어야 본전을 뽑는다는 뜻이다. 쉽게 말해 PER은 이 기업의 주가가 저평가인지 고평가인지를 평가하는 숫자다. PER이 낮을수록 기업이 벌어들이는 이익에 비해 주가가 낮게 형성되어 있으니 저평가라는 의미이다.

저평가인 기업을 사서 기다리면 주가가 오르고 수익을 가져다주니 많은 사람들이 PER은 낮을수록 싸고 좋다고 생각하기 쉽지만 PER이 저평가, 고평가를 판단하는 절대적인 기준이 되지는 않는다. PER은 기업의 산업 특성, 성장률, 시장 기대치에 따라 달라진다.

성장성이 낮고 안정적인 산업에 있는 기업들은 PER이 10~15 수준만 되어도 적정가치로 평가된다. 예를 들어 **은행, 보험, 철강, 유틸리티** 산업이 그렇다. 이런 산업은 성장이 제한적이지만 예측 가능성이 높고 배당이 안정적이기 때문에 시장에서는 낮은 PER을 기준으로 삼는다.

반대로, **성장 산업에 속한 기업들**은 다르다. 전기차, 반도체, AI, 클라우드, 2차전지 같은 산업에 있는 기업들은 미래의 이익이 가파르게 증가할 것으로 기대되기 때문에 현재의 이익 대비 주가가 높게 형성되는 것(PER이 높음)이 자연스럽다. 즉, PER은 산업별로 '정상'의 기준이 다르다. PER이 30이라고 무조건 비싸다고 할 수 없고, PER이 8이라고 해서 무조건 싼 것도 아니다. 그래서 PER을 해석할 때는 그 기업이 속한 산업의 평균 PER을 먼저 보고 경쟁사나 유사한 기업의 PER과 비교해야 한다. 숫자 그 자체보다도 숫자 너머의 의미를 보려고 노력해야 한다. 이 기업이 평균보다 왜 높거나 낮은지를 생각해야 한다. 시장 기대치 때문인지, 실적 불확실성 때문인지 혹은 숨겨진 성장성이 있는지. 누군가에겐 고평가일 수 있는 기업도 나에게는 충분히 이해되고 믿을 수 있다면 '지금 사기에 괜찮은 가격'이 될 수 있다. 투자자는 PER을 보는 사람이 아니라 PER을 해석하는 사람이어야 한다.

| 산업평균 | 평균PER(대략) | 이유 |
|---|---|---|
| 은행, 보험, 철강 | 5~10 | 이익은 안정적이나 성장성은 낮음 |
| 정유, 유틸리티 | 8~12 | 경기민감이나 예측 가능성 있음 |
| 자동차, 조선 | 10~15 | 사이클이 존재, 낮은 수익성 |
| IT, 전자 | 15~20 | 일정 수준의 기술력과 성장 반영 |
| 반도체, 전기차, 클라우드 | 25~40 | 높은 성장 기대, 미래 이익 선반영 |
| 바이오, AI, 2차전지 | 40 이상도 가능 | 이익은 작지만 폭발적 성장성 반영 |

## [02] 저PER에 사서 고PER에 팔기, 고PER에 사서 저PER에 팔기

'PER이 낮은 종목을 찾아 싸게 사고, PER이 높아졌을 때 비싸게 판다'는 것이 가치투자의 정석처럼 여겨진다. 이 방식은 실제로도 효과적인 전략이고, 나 역시 여러 번 참고해왔다. 하지만 투자 경험이 쌓이면서 한 가지를 더 알게 되었다. 성장주는 이 공식이 반드시 들어맞지 않는다. 오히려 고PER(고평가)에 사서, 저PER(저평가)에 팔아도 수익을 낼 수 있는 투자 방식이 존재한다. 이 말만 들으면 모순처럼 들릴 수도 있지만 조금만 구조를 이해하면 왜 그런 일이 가능한지 알 수 있다.

PER은 '주가 ÷ 주당순이익(EPS)'으로 계산된다. 즉, 이익이 급격히 성장하면 주가가 상승해도 PER은 낮아질 수 있다. 성장주에 투자할 때는 이 공식이 작동한다. 초기에 PER이 40, 50처럼 높아 보여도 이익이 그만큼 빠르게 늘어날 것으로 기대된다면 주가가 올라가는 동시에 PER은 점점 낮아질 수 있다.

여기서 하나의 비유를 들어보자.

한 박스를 10만 원에 판다고 가정하자. 처음에는 그 박스 안에 상품이 10개밖에 들어있지 않았다. 박스 하나에 담긴 가치는 상품 10개였다. 그런데 시간이 지나고 기술이 발전하면서 이제 그 박스 안에 20개, 30개의 상품을 담을 수 있게 되었다. 박스 가격이 10만 원에서 12만 원으로 오르더라도 안에 담긴 상품이 30개로 늘었다면 개당 가격은 오히려 훨씬 저렴해진다. 주가는 오르지만 PER은 오히려 낮아지는 구조와 비슷하다. 중요한 건 겉으로 보이는 박스의 가격이 아니라 그 안에 무엇이 얼마나 담겨 있느냐는 것이다.

예를 들어, 어떤 기업의 현재 주가는 50, 주당순이익은 1이라면 PER은 50이다. 이익이 1년 후 5로 늘고, 주가가 100이 되었다면 PER은 '100 ÷ 5 = 20'이 된다. 주가는 두 배가 되었지만 PER은 오히려 절반 이상 줄어든 셈이다. 고PER에 사서 저PER에 파는 투자지만 수익은 커진다. 이 구조가 가능한 이유는 단 하나, 이익이 정말로 빠르게 성장했기 때문이다. 성장주는 바로 이 '이익 성장 속도'에 투자하는 방식이다. 반대로, 아무리 PER이 낮아도 이익이 정체되어 있거나 점점 줄어드는 기업이라면 주가는 오르기 어렵다. 겉으로는 '싼' 주식처럼 보이지만 실제로는 시장에서 외면받는 경우가 많다. 그래서 PER은 그 자체로 매수 판단의 기준이 될 수 없다. PER이 높다면 '왜 높은지'를 이해하고, PER이 낮다면 '왜 저평가되고 있는지'를 먼저 물어야 한다.

투자는 단순한 숫자의 싸움이 아니다. 성장주의 경우에는 지금 PER이 높은 것이 오히려 기회일 수 있다는 사실을 기억해야 한다. 중요한 건 PER이라는 숫자가 아니라 그 안에 무엇이 담겨 있는지를 보는 눈이다.

# 기업을 아는 힘은 '손품'에서 나온다

주식투자는 누구에게나 열려있다. 예전처럼 특정한 사람들만 정보에 접근할 수 있는 시대는 아니다. 지금은 검색만 해도 기본적인 내용은 대부분 확인할 수 있다. 정보 자체보다 그걸 직접 찾아보려는 태도가 더 중요하다. 정보가 있다고 해서 무조건 수익으로 이어지진 않는다. 누군가는 같은 정보를 읽고도 투자에 참고하고, 누군가는 흘려보내고 만다. 차이는 '찾아보는가', '확인해보는가'의 습관에서 생긴다.

'손품'을 판다는 건 특별한 노력을 말하는 게 아니다. 그냥 궁금한 걸 검색해보는 정도면 충분하다. 기업이 어떤 사업을 하는지, 실적은 어떤지, 경쟁사는 누구인지 처음에는 그런 기본적인 정보부터 확인해보면 된다. 중요한 건 모르는 부분을 만났을 때 멈추지 않는 것이다. 무시하고 지나치기보다, 그 자리에서 한 번 검색해보는 태도가 쌓이면, 투자 판단의 힘은 거기서부터 생겨난다. '이건 무슨 뜻이지?', '왜 이런 표현을 썼을까?', '이 숫자의 의미는 뭘까?'라는 식으로 질문을 던지고 답을 찾아보는 연습이 필요하다. 처음엔 귀찮고 버겁게 느껴질 수 있지만, 그 습관 하나만으로도 정보에 대한 이해도와 해석력이 달라진다.

요즘은 손품을 팔 수 있는 매체도 다양하다. 네이버, 구글, 유튜브, 증권사 리포트, IR 자료, 사업보고서, 챗GPT까지 익숙해지면 어렵지 않게 필요한 정보에 접근할 수 있다. 꼭 대단한 분석을 하자는 건 아니다.

하지만 최소한, 궁금하면 한 번쯤은 직접 찾아보는 태도는 있어야 한다. 그리고 그때마다 '내가 뭘 모르고 있는지'를 질문해보는 연습이 함께 따라온다면 어느 순간부터 기업을 보는 눈이 달라지기 시작할 것이다. 주식투자는 결국 판단의 연속이고, 그 판단은 아주 작은 습관에서부터 시작된다.

주식투자의 첫걸음은 기업분석부터

**7**

# 기업분석
# 스케치

## [01] 6가지 항목을 따라가며 그림을 그려보자

지금까지 기업분석이 왜 중요하고 필요한지를 얘기했다. 그럼 이
제 기업분석을 시작해보자. 말 그대로 기업을 분석하는 일이다. 분
석이라고 하면 뭔가 전문가처럼 숫자를 복잡하게 다뤄야 할 것 같
다. 하지만 우리는 전문가가 되는 게 목적이 아니라 스스로 기업을
발견하고 판단하여 주식 투자를 결정하고, 궁극적으로 수익을 내는
것이 목적이다. 이 과정을 스스로 하기 위해 기업에 주관적인 의견
을 만들어가는 과정이 바로 기업분석이다. 방법은 어렵지 않다. 기
업을 파악할 수 있는 대표적인 항목이 있으니 그 부분을 찾을 줄만
알면 된다.

기업을 파악하는 데 필요한 항목은 크게 6가지다. 기업이 무슨 일을 하고, 무엇을 팔고, 잘 팔고 있는지, 경쟁력과 위험요소는 무엇인지, 마지막으로 투자할만한 이유가 있는지를 앞으로 살펴볼 것이다. 이 6가지 항목을 6단계로 파악해 나가다보면 기업을 향한 관점이 생겨나게 될 것이다(82~83쪽에 있는 그림 참고).

① **기업 개요** : 가장 먼저 이 회사가 어떤 기업인지 큰 틀을 살펴본다. 증권사 기업 소개나 홈페이지를 참고한다. 기업의 지배구조, 본사의 위치, 계열사는 어떤 곳인지, 대표이사는 누구인지, 기업의 한 줄 요약을 할 수 있을 정도로 전체 그림을 그려본다. 82쪽에 나오는 그림처럼 기업의 지배구조와 주식 지분율을 확인하는 것도 처음에 할 일이다.

② **사업과 제품** : 이 회사가 실제로 어떤 제품을 만들고, 어떤 서비스를 제공하는지 살펴본다. 83쪽의 그림 예시처럼 사업보고서에 나와 있는 '사업의 내용' 항목을 참고해 주요 제품군을 정리하고, 매출 비중이 높은 제품은 따로 표시한다. 이 과정에서 '어떤 시장에 속해 있는가?', '최근 주목받는 기술이나 서비스인가?'를 함께 생각해보면 투자 아이디어로 연결된다. 제품과 관련된 기술도 이 단계에서 파악하면 좋다.

③ **재무제표** : 초보자라도 꼭 봐야 할 숫자가 있다. 매출, 영업이

주식투자의 첫걸음은 기업분석부터

익, 당기순이익이 어떻게 흘러왔는지 3년 ~ 5년 정도 시계열로 정리해본다. 부채비율, 영업이익률, ROE같은 기본적인 지표를 포함해서 기업의 재무 건전성을 파악할 수 있는 항목들을 확인한다.

④ **경쟁사 분석** : 이 회사가 속한 산업에서 누가 경쟁자인지도 중요하다. 국내외 주요 경쟁사를 찾아 비교해보면서 이 회사의 위치를 파악할 수 있다. 예를 들어 시장점유율이나 브랜드 인지도, 기술력 등에서 강점이 있는지, 경쟁사 대비 어떤 포인트가 눈에 띄는지를 비교한다. 종종 경쟁사의 실적이나 주가 흐름도 함께 참고한다.

⑤ **리스크 요인** : 아무리 좋아 보여도 리스크는 존재한다. 외부 환경의 변화나 사업 구조의 약점, 의존도가 높은 매출처, 규제 가능성 등을 정리해 본다. 실제로 이 항목을 적는 과정에서 "이게 흔들리면 주가도 크게 흔들리겠구나"하는 감각이 생기게 된다.

⑥ **투자포인트 정리** : 마지막으로 이 기업에 투자할 마음이 들었다면 그 이유를 한 줄로 요약한다. 단순히 숫자가 좋다, 실적이 늘어난다를 넘어서서 이 기업이 가진 성장동력과 앞으로 시장에서 주목받을 수 있는 이유를 언어로 정리하는 단계다.

이런 방식으로 6개 항목을 파악해 나가면서 자료를 정리하다 보면 기업을 차근차근 알아갈 수 있다. 처음부터 완벽하게 분석하려는 부담을 내려놓고, 가장 기본적인 부분에서부터 시작해 점차 조밀하게 스스로의 의견을 만들어 가보자.

**삼양밀맥스 합병 및 삼양패키징 분할 이후 지배구조**

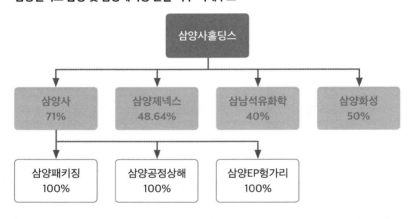

| 주요주주 | 보유주식수(보통) | 보유지분(%) |
|---|---|---|
| 삼양사 외 1인 | 8,122,045 | 57.16 |
| 삼양사 | 7,957,490 | 56.00 |
| Augusta Investments 1··· | 164,555 | 1.16 |
| 어쎈타 제삼호 사모투자··· | 1,302,045 | 9.16 |
| Marina Samyang Pte.··· | 820,277 | 5.77 |

(보유지분 : 보유지분주식수 / 지수산정주식수 × 100)

▲ 기업의 지배구조와 주식 지분율 확인

- **내열병** : 고온(86~92℃)으로 살균한 음료를 담는 용기
  과즙음료, 스포츠용 이온음료, 커피 등
- **내열내압병** : 후살균(65~75℃)처리를 요하는 저과즙탄산음료나 우유탄산음료 등
  을 담는 용기로서 내압과 내열 성능을 동시에 보유
- **내압병, 상압병** : 탄산가스가 포함된 청량음료, 상온, 상압의 내용물을 담는 용기

▲ 기업의 제품 특성을 정리한 내용

# 잃지 않는 투자,
# 최소한의 기업분석

PART

# 3

주식을 한다면 최소한 이 정도는 알고 시작하자. 여기에서는 누구나 해볼 수 있는 쉬운 분석법을 소개한다. 이름을 검색해보고, 홈페이지를 한번 들어가보는 것처럼 당장 따라 해볼 수 있는 기업분석의 첫걸음이다. 맨땅에서 출발하더라도 잃지 않는 투자를 위한 기초는 이렇게 쌓을 수 있다.

## STEP 1.

### 맨땅에서부터 시작하는 기업분석

첫 번째, 분석할 기업을 정한다. 일상 속에서 기업을 발견하고
분석할 기업을 결정하는 과정부터 투자자의 눈이 시작된다

# 친구를 사귀듯 동행할 기업을 찾는다

주식투자는 돈을 빌려주는 행위와 비슷하다. 물론 돈을 빌려주는 것은 돌려받는 것을 전제로 하고, 투자는 그렇지 않다는 차이점이 있다. 그래도 내가 아닌 다른 존재에게 자본을 맡긴다는 것까지는 동일하다. 우리는 '친한 친구랑도 돈거래는 하지마라'는 말을 살면서 한 번쯤은 들어보았다. 그런데 의문이 든다. 오랜 친구와도 금전 거래는 신중하라면서 왜 잘 알지 못하는 기업에게는 선뜻 주식을 사고 돈을 맡길까? 굳이 따지자면 반대로 되어야 하는 것이 아닐까? 그래서 오랜 친구를 신뢰하듯이, 믿고 동행할만한 기업을 찾으려고 노력해야 한다. 친해질 기업을 찾고, 이름을 묻듯이 기본 정보를 알고, 사람의 자기소개처럼 초면의 기업이 하는 얘기를 들어봐야 한다. 찾고, 묻고, 듣는 과정으로 기업을 발견해보자.

# 기업을 발견하는
# 일상 속 3가지 방법

주식을 시작하려면 당연하게도 우선 투자 여부를 판단할 기업을 준비해야 한다. 처음 기업분석을 할 때는 시작이 중요하기 때문에 어떤 기업이라도 좋다. 기존에 알고 있는 기업부터 알아보자.

　유명한 기업, 지인이 사라고 추천했던 기업, 계속 보유할지 말지고민 중인 주식의 기업, 온라인 가짜뉴스로 들었던 기업들 모두 분석의 대상이 된다. 만약 아예 주식투자를 이제 막 시작하는 단계이거나 새로운 기업을 발견하고 싶을 때는 직업 기업을 찾아 나서야한다. 우리가 살아가는 환경을 흔하게 둘러싸고 있는 게 기업이기때문에 찾는 것은 어렵지 않다. 다음은 일상 속에서 기업을 발견하는 3가지 방법이다.

1. '자주'이용하는 제품/서비스

2. '좋아하는' 제품/서비스

3. '인기있는' 제품/서비스


## ⌈01⌉ '자주' 이용하는 제품/서비스

첫 번째로는 무의식 중에 자주 접하는 기업을 알아차리는 것이다.
의식하지 않고도 일상 속에서 당연하게 사용하는 제품 혹은 서비
스는 사람들이 보편적으로 사용하는 제품일 확률이 높다. 사람들의
생활에 깊게 침투한 기업이라면 사업이 자리 잡아 안정적으로 매출
을 낼 것으로 유추하고, 회사가 망할 위험은 상대적으로 낮다고 생
각하며 접근해볼 수 있다.

- 아침에 일어나자마자 처음 사용하는 물건은 무엇인가?
- 평일 일과 중 가장 자주 만지는 물건은 무엇인가?
- 주 1회 이상 혹은 주기적으로 사용하는 서비스가 있다면 무
  엇인가?

위 질문에 답하면 무의식 중에 접하는 기업을 알아차릴 수 있다.
예를 들어 필자의 경우 질문의 답으로 아침마다 사용하는 샴푸, 업
무에 사용하는 노트북 그리고 지금 원고를 쓰기 위해 정기 결제로

구독한 문서 프로그램이 떠오른다. 이 중 샴푸의 뒷면 라벨을 확인해보니 제조사가 '코스메카코리아'라고 적혀있다. 증권 어플에 들어가서 검색하니 조회가 된다. 주식시장에 상장해서 주식 거래를 할 수 있는 기업이다. 그러면 이 기업부터 분석을 출발해 나간다. 기업 분석 방법은 앞으로 설명하겠지만 하나의 기업을 시작으로 그 회사가 속한 산업에도 관심을 가지고, 여러 가지 질문들이 생겨난다. 산업의 특성이나 경쟁 구도 그리고 어떤 경쟁력을 갖추었는지 같은 질문을 던지며 기업을 알아가게 된다.

발견한 기업이 코스피/코스닥 같은 증권시장에 상장하지 않은 기업일 수도 있다. 비상장 기업은 개인 간의 주식 거래가 활성화되어 있지 않아서 공개된 정보를 찾기가 쉽지 않다. 그러면, 여기서 이런 질문을 던져볼 수 있다. '샴푸를 만드는 회사 중 상장한 기업은 어디일까? 내가 쓰는 샴푸는 아니지만 가장 시장점유율이 높은 샴푸의 제조사는 어디일까?'

## ⌐02┘ '좋아하는' 제품/서비스

두 번째로는 무의식이 아니라 의식적으로 좋아하는 제품과 서비스를 만드는 기업을 발견하는 방법이다. 일상적으로 접하는 기업은 아닐지라도 괜찮은 기업을 발견할 수 있다. 기업의 매력은 속한 산업군에서의 고유성 혹은 차별성이 되기도 한다.

- 스트레스를 해소할 때 무엇을 하는가? 어떤 제품이 필요한가?
- 주말에 가족이나 친구들과 무엇을 하는가? 주로 가는 장소는 어디인가?
- 남들보다 내가 유독 좋아하는 물건은 무엇인가?

위 질문은 여가나 취미생활에서 접하는 기업을 알아차릴 수 있다. 예를 들어 생각이 많을 때 산책로를 거닐면 머릿속이 정리되고 마음이 환기되는 기분을 느낄수도 있다. 가끔은 음악을 들을 때 사용할 헤드셋을 챙겨 나서기도 한다. 이 헤드셋의 제조사는 어디일까? 얼마만큼의 경쟁력을 지녔을까? 마치 인생 마지막 헤드셋인 것처럼 여러 브랜드를 비교하며 구매했던 기억이 있다. 제일 필요한 기능은 노이즈캔슬링이었는데 기억을 돌이켜보면 가격과 디자인을 더 따졌던 것 같다.

이런 경험을 투자의 관점으로 연관지어 볼 수 있다. 음향기기 산업에서 노이즈캔슬링 기술이 매출에 미치는 영향이 얼마나 유의미할지 연관 지어 보거나 음향과 전혀 관계없을 것 같은 패션 트렌드가 헤드셋 시장에 미칠 영향도 고려해보게 된다. 좋아하는 제품에서 기업과 산업을 찾아보자.

스트레스를 해소하기 위해 운동을 한다면 운동복은 어느 브랜드인가? 피트니스 의류 제조사, 캠핑용품 브랜드, 주말에 방문하는 팝업스토어, 넷플릭스 같은 OTT도 주식투자의 출발점이 될 수 있다. 내가 관심있는 분야 너머의 기업을 관찰하면, 그 기업들이 제공하는 가치를 이해하면서 투자 아이디어로 발전시킬 기회가 된다. 소비자의 눈을 투자자의 눈으로 확장하는 순간이다.

## 「03」 '인기있는' 제품/서비스

마지막으로, 사람들이 열광하는 제품이나 서비스를 만드는 기업을 발견하는 방법이다. 우리는 가끔 대세를 따라가기도 하고, 유행을 잘 모르더라도 주변에서 끊임없이 들려오는 이야기에서 새로운 트렌드를 접한다.

특정 제품이 SNS에서 화제가 되거나, 사람들이 줄을 서서 사는 모습을 보면 '도대체 저게 뭐길래?'라는 궁금증이 생긴다. 그 순간 투자 아이디어의 단서가 만들어진다.

- 최근 국내에서 유행하는 제품은 무엇인가?
- 세계적으로 인기를 얻고 있는 국내 브랜드는 무엇인가?
- 나는 잘 모르지만, 주변에서 자주 언급되는 제품이나 서비스가 있는가?

주식투자의 첫걸음은 기업분석부터

식품 기업 '삼양식품'을 예로 들어보자.

삼양식품의 불닭볶음면은 2012년 국내에 출시되었을 때부터 인기가 있었던 기억이 있다. 한국인의 매운맛 자부심을 자극하며 유행처럼 소비가 번졌다. 출시된 지 10년도 더 지난 2024년, 이번에는 해외에서 불닭볶음면이 유행을 탔다. 해외 인플루언서들의 방송을 타며 매운맛 챌린지가 유행한 것이다. 해외에서의 유행은 고스란히 매출에 반영되었고, 실적 개선이 기대되어 주가가 가파르게 상승했다. 국내에서 처음 유행했을 당시에도 주가 변동이 있긴 했지만 해외에서의 매출로 주가가 크게 반응했다. 이유를 짐작해보자면 국내에서의 라면 산업은 유행이 금방 사라질 수도 있고, 국내라는 한정된 무대와 식품이라는 시장 특성상 매출 상승의 기대치는 제한적이었을 것이다.

하지만 해외에서의 매출은 성장의 업사이드가 달라진다. 2023년, 면제품의 해외 매출 비중은 70%를 돌파하며 역대 최대 실적을 기록했다. 원자재료 값의 하락과 시너지를 일으킨 삼양식품의 매출은 2023년 대비 2024년 45% 상승했고, 외인 투자자까지 늘어나며 주가가 상승했다. 평소에 도전적인 매운맛을 찾아 먹는 편이 아니어서 삼양식품이라는 기업에 미처 관심을 두지 못했다. 유행하는 제품과 서비스에 대해서는 미리 관심을 가져두어야 한다는 것을 이 사례를 통해 배웠다. 인기 있는 제품에서 발견한 기업은 매출 성장 가능성이 크다. 또한 인기있는 제품은 소비자들이 원하는 것이 무

**삼양식품** 003230 코스피 | 2025.03.07 기준(KRX 장마감) 장시간 기업개요▾

**906,000**
전일대비 ▼21,000 -2.27%

| 전일 927,000 | 고가 940,000 (상한가 1,205,000) | 거래량 62,668 |
| 시가 935,000 | 저가 894,000 (하한가 649,000) | 거래대금 57,195 백만 |

차트 1일 | 1주일 | 3개월 | 1년 | 3년 | 5년 | 10년     봉차트 일봉 주봉 월봉

한국거래소(KRX)

최고 940,000 (03/07)   1,046,479
872,066
697,653
523,240
348,826
174,413
0

최저 80,400 (03/11)

▮ 거래량

2022/03     2023/01     2024/01     2025/01

▲ 삼양식품 주가 /출처 네이버

엇인지 반영한다.

예를 들어, 친환경/비건 제품이 관련 매출이 증가하는 흐름을 포착하면 장기적으로 성장할 산업을 미리 발견할 수 있다. 인기의 흐름을 읽는 눈을 기르면, 우리는 투자자로서 새로운 기회를 발견할 수 있다.

**인기 있는 제품이 장기적인 기업의 성장으로 이어지는가?**

모든 인기 제품이 기업의 장기적인 성장으로 이어지는 것은 아니다. 현재의 유행이 기업의 지속적인 성장으로 자리 잡을 때 투자

주식투자의 첫걸음은 기업분석부터

할 가치가 더해진다. 불닭볶음면은 유행 이후에도 적극적인 홍보 활동을 이어갔다. 기존보다 맵기가 덜한 까르보불닭을 출시해 소비 타겟을 넓혔고, 야끼소바불닭이나 마라 불닭처럼 각국의 식품 특성에 맞는 차별화된 제품을 출시하며 글로벌 마케팅 전략을 펼쳤다.

이러한 대응이 뒷받침되어 지속가능한 성장을 예측하게 만들었다. 이처럼 기업이 한순간의 인기를 어떻게 활용하고 발전시킬지 판단하는 것이 중요하다. 제품 구매 홈페이지가 있다면 고객의 재구매율을 확인해보자. 혹은 기업이 인기 제품을 기반으로 제품 라인을 확장할 계획이 있는지 투자자료나 기사를 확인하는 방법도 있다. 기업 사업보고서에서 연구개발비(R&D)가 유지되거나 늘고있다면 제품 개발을 게을리 하지 않고 신제품 혹은 기술 개발에 적극적이라고 해석이 가능하다.

**STEP 2.**

# 후아유? 기초정보 묻기

두 번째, 아주 기초적인 기업 정보를 파악한다. 무슨 회사인지,
실적은 어떤지를 빠르게 스캔하는 단계다.

기업분석의 시작인 기업을 하나 찾았다면 이제는 기업의 기초적인 정보를 확인할 차례다. 기초라고 하면 쉽다는 얘기이기도 하지만 그렇기에 가장 기본이 되는, 최소한으로 꼭 확인해야 하는 내용이다. 주식투자 기업분석에서 기본이 무엇일까? 바로 그 기업이 무슨 일을 하는가이다. 기업이 어떤 사업을 하고 있는지, 그 사업으로 목적을 달성하고 있느냐가 투자를 위해 알아야 할 정보다. 주식투자를 하며 수많은 기업을 접하게 된다. 사람에 따라 그중에서 흥미가 생기는 기업이 있을 것이고, 영 내키지 않는 기업도 있을 것이다. 흥미 있는 기업에 더 집중하고 분석을 파고 들어가기 위해 필자는 이 단계에서 처음 접하는 기업의 기초정보를 빠르게 스캔한다. 여기서 알아볼 간단한 내용을 시작으로 나중에는 깊이 있는 정보를 찾아가며 확장해 나갈 수 있다. 정말 기초를 확인하는 목적이기 때문에 우선은 깊이 있게 공부하는 것보다는 기업의 기본 정보만을 빠르게 파악한다는 생각으로 이 단계를 실행해보면 좋겠다.

### 네이버 증권 이용하기

요즘은 증권 어플이 잘 되어있어서 웬만한 어플에서도 기업정보를 확인할 수가 있는데 필자는 네이버를 주로 사용하는 편이다. 주식의 정보를 종합적으로 확인할 수 있고 투자에 필요한 각종 지표가 각종 페이지와 카테고리별로 정리되어 있어서 네이버에서 쉽게 확인할 수 있다. PC버전과 모바일버전 둘 다 사용 가능하고, 재무제표의 경우 PC버전은 6년 정보제공, 모바일은 4년 정보제공처럼 약간의 차이는 있다. 어디에서나 신속하게 확인할 수 있도록 익숙한 네이버 모바일 버전으로 설명하겠다. PC버전일 경우 네이버에 접속 후, '네이버증권'에 접속하여 사용해도 좋고 모바일의 경우 검색창에 바로 '기업명 + 주가'를 검색하면 증권 정보가 상단에 뜬다.

# 기업개요,
# 무슨 일을 하는 회사인가

## 01 처음 만난 회사를 이해하는 가장 쉬운 방법

모든 상장기업은 증권 정보로 '기업개요'를 제공한다. 그 기업이 무슨 일을 하는지 3줄 정도로 간략하게 설명하는 내용이다. 기업개요에서는 회사가 어떤 사업으로 돈을 벌고 있는지, 회사가 속한 산업과 주요 제품을 핵심적으로 설명하고 있다. 빠르게 파악하는데 도움이 된다. 기업개요가 처음에는 잘 읽히지 않을 수 있지만 괜찮다. 간략하게 짚고 넘어가는 정도로 족하다.

우리 모두가 아는 삼성전자를 예시로 들어보겠다. 삼성전자 증권 정보에서 들어가면 종합 정보화면이 나타난다. 여기서 재무정보 아

래로 스크롤하면 하단에 '기업개요'가 올라와 있다. 기업마다 기업
개요가 다른 곳에 올라와 있는 경우도 있으니 메뉴를 잘 살펴보자.

> **기업개요**                                          [기준 : 2024.12.06]
>
> - 한국 및 DX부문 해외 9개 지역총괄과 DS부문 해외 5개 지역총괄, SDC, Harman
>   등 229개의 종속기업으로 구성된 글로벌 전자기업임.
> - 세트사업은 TV를 비롯 모니터, 냉장고, 세탁기, 에어컨, 스마트폰, 네트워크시스템,
>   컴퓨터 등을 생산하는 DX부문이 있음.
> - 부품 사업에는 DRAM, NAND Flash, 모바일AP 등의 제품을 생산하고 있는 DS 부
>   문과 스마트폰용 OLED 패널을 생산하고 있는 SDC가 있음.

▲ 삼성전자의 기업개요

▲ 네이버 기업검색 후 증권정보 접속

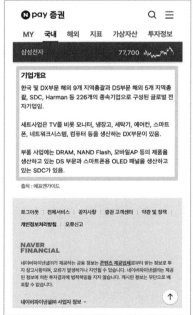

▲ 재무 > 기업개요

주식투자의 첫걸음은 기업분석부터

삼성전자의 기업개요 첫 문장을 보면, '~ 글로벌 전자기업임'이라고 되어있다. 앞부분의 제품 관련한 단어를 이해하지 못했더라도 우선 전자제품을 판매하는 기업임을 알았다. 다음 두세 번째 문장을 보면 삼성전자는 세트사업에서는 DX부문이 있고, 부품사업에는 DS부문과 SDC부문으로 나뉜다는 것을 알 수 있다. 이러한 용어가 익숙하지 않아도 세트사업과 부품사업을 한다는 점을 알 수 있다. 삼성전자라는 회사가 무슨 일을 하고 있는지 기본만은 알아냈다.

여기서 끝내기가 아쉬운가? 그럼 오히려 좋다. 기업개요를 읽고 생겨난 궁금증, 모르는 단어를 검색하며 재미있게 기업을 알아갈 수 있는 기회다. 삼성전자의 부품사업 제품인 DRAM은 무엇인지, NADN Flash는 무엇인지 네이버에 검색해보자. 궁금한 점을 바로 검색하는 것 또한 기업분석에서 꼭 필요한 자세다. 모르는 단어의 뜻이라고 치면 사전이나 블로그 정보가 많이 나오는데 2~3개 읽어보면서 자연스럽게 감을 잡기를 추천한다.

# 재무제표,
# 키오스크보다 쉽게 보자

## 01 처음엔 빠르게 훑기만 해도 충분하다

재무제표, 이름부터 지독하게 느껴진다. '재무제표'라는 단어부터 딱딱하고 어렵게 들린다. 숫자와 회계 용어가 가득한 문서를 떠올리면 '전문가들만 이해할 수 있는 거 아닌가?' 하는 생각이 들기 마련이다.

    나는 회계를 전공하지도 않았다. 하지만 기업을 분석하는 법을 배우면서 재무제표가 꼭 전문가만 다뤄야 하는 영역이 아니라는 걸 알게 됐다. 우리는 복잡한 회계 이론을 공부할 필요가 없다. 투자자의 관점에서 꼭 필요한 부분만 이해하면 된다.

많은 사람들이 주식을 사면서도 재무제표는 전혀 보지 않는다. "어디서부터 시작해야 할지 모르겠다", "숫자가 어려워서 자신이 없다", "본다고 해도 무슨 의미가 있을까?"같은 이유 때문이다. 나도 처음엔 그랬다. 차트 보는 건 재밌고 익숙한데 숫자로 가득한 재무제표는 마주하기조차 싫었다. 하지만 투자금을 잃어보면서 깨달았다. 주식을 살 때 최소한 기업이 건강한지 정도는 확인해야 한다는 걸. 재무제표는 생각보다 어렵지 않다. 모든 숫자를 분석할 필요 없이, 기업이 망할 위험이 없는지, 성장할 가능성이 있는지만 보면 된다. 이 섹션에서는 재무제표를 투자자의 눈으로 쉽게 이해하는 방법을 알려줄 것이다. 숫자에 약해도 괜찮고 경제를 몰라도 문제없다. 누구나 할 수 있다.

## [02] 영업이익과 함께 보는 5가지 지표

이제 '재무제표'를 살펴보자. 이번 단계의 목표는 어느 기업을 접했을 때 직관적으로 재무제표를 빠르게 읽는 눈을 익히는 것이다. 네이버 모바일로 접속해서 최근 4년간의 재무 정보(PC버전은 6년)를 확인할 수 있다. 조회되는 자료 중 제일 최근 연도는 증권사들의 예측값으로 제공된다. 증권사들은 기업 발표 자료와 업황, 내수/수출 등의 정보를 바탕으로 당해 실적을 예측한다. 연간 실적 공시 전까지는 예측에 불과하지만 작년 대비 어떻게 변화하는지를 보며 올해의 성장 여부를 가늠할 수 있다. 다양한 지표들이 나열되어 있는데 여기서는 몇 가지 항목만 파악할 것이다.

주로 빠르게 확인하는 다섯 가지 항목은 다음과 같다. 이 항목은 기업의 건강 상태를 간단히 점검하도록 돕는 최소한의 핵심이다.

1. 매출액, 2. 영업이익, 3. 영업이익률, 4. 부채비율, 5. EPS

## ● 1. 매출액

매출액은 기업이 제품이나 서비스를 판매하여 벌어들인 총판매 금액을 말한다. 쉽게 말해, 장사를 해서 들어온 돈이다. 만약 어떤 식당이 하루에 1만 원짜리 음식을 100그릇 팔았다면 매출액은 100만 원이다. 하지만 이 금액은 순수한 이익이 아니다. 각종 비용을 빼기 전의 금액이기 때문에 매출액이 많다고 해서 반드시 이익이 많다고 볼 수는 없다.

매출액은 기업의 성장성을 보여준다. 매출액이 꾸준히 증가하는 기업은 시장에서 제품/서비스가 잘 팔리고 있다는 뜻이다. 반대로 매출액이 정체되거나 감소하는 기업은 고객을 잃고 있거나 경쟁에서 밀리고 있을 가능성이 있다. 또한 매출액이 늘어도 이익이 늘지 않을 수 있다. 매출이 증가해도 영업이익이 줄어드는 경우가 있다. 이는 제품을 팔기 위해 비용이 더 많이 들었기 때문일 수 있다. 예를 들어 할인행사를 많이 했거나 광고비를 과하게 지출했다면 매출은 증가했더라도 실제 이익은 줄어든다. 따라서 매출액은 영업이익과 함께 비교하며 분석하는 것이 중요하다.

### 투자의 관점 : 매출액이 점차 느는가?

매출액은 기업의 성장을 나타내는 기본적인 지표다. 매출액의 변화를 투자의 관점으로 살펴볼 점은 점차 증가하는지, 영업이익과의 관계를 확인하는 것이다. 매출액이 꾸준히 증가하는 기업은 시장에서 인기가 높거나, 신규 고객을 확보하고 있을 가능성이 크다.

매출이 증가하는데도 이익이 줄어든다면 비용이 과하게 늘어나지는 않았는지 확인해야 한다. 매출이 일정하게 유지된다면 사업이 성숙기에 접어들었거나 성장이 둔화될 가능성이 있다. 결국 매출액의 성장 여부를 확인하는 것은 기업의 미래를 예측하는 중요한 과정이다. 하지만 꼭 비용 구조와 이익의 흐름도 함께 살피는 것이 필요하다.

## ● 2. 영업이익

영업이익은 기업이 본업(핵심 사업)으로 벌어들인 이익이다. 매출에서 인건비, 광고비, 임대료같은 판매 관리에 든 비용과 재료비를 제외한 금액이다. 영업이익이 크고 꾸준히 증가하는 기업은 수익성이 좋고 경쟁력이 있는 기업이다.

다시 예를 들어 식당의 하루 매출이 100만 원일 때, 재료비로 40만 원, 직원의 급여로 30만 원, 가게 임대료로 20만 원을 비용으로 든다면 실제 남는 돈은 10만 원이다. 이 10만 원이 식당의 영업이익이다. 따라서 매출액이 높다고 해서 반드시 돈을 많이 버는 건 아니다. 중요한 건 매출을 얼마나 효율적으로 운영하여 이익을 많이 남기는

가이다. 같은 매출의 두 기업이 있다면, 영업이익이 높은 쪽이 수익성이 좋은 기업이라고 볼 수 있다.

**영업이익을 볼 때 중요한 두 가지**

영업이익은 재무제표에서 핵심적인 항목이다. 영업이익과 영업이익률의 변화로 그 기업의 수익성을 확인할 수 있기 때문이다. 이를 이해하기 위해서는 영업이익이 산출되는 두 가지 특징을 기억하면 된다.

첫째로, 영업이익은 기업의 본업에서 나온 이익만 포함된다. 즉, 본업이 아닌 부업으로 번 이익은 영업이익에서 제외된다. 기업들은 제품이나 서비스를 판매하는 본업 외에도 부동산을 임대하거나 금융자산을 다른 곳에 투자하여 기타수익을 벌어들이기도 한다. 유·무형자산을 사고팔아 차익을 남기기도 한다. 반대로 손실이 날 수도 있다.

예를 들어, 한 카페가 커피를 팔아 번 돈은 영업이익이지만, 카페 건물을 팔아 남긴 돈은 영업이익이 아니다. 이처럼 본업 외의 활동으로 생긴 이익은 영업이익에 포함되지 않는다. 이 본업 외 이익은 재무제표의 다른 항목인 순이익을 산출할 때 고려된다. 그래서 영업이익을 보면 기업의 본업이 잘 되고 있는지를 확인할 수 있다. 만약 분석하는 기업이 증권사라면 본업이 금융 관련이기 때문에 이럴 경우 본업이 금융활동이 되고, 영업이익이 금융수익이 될 수 있다.

두 번째로 기억할 특징은 매출액에서 영업이익을 산출하기 위해 고려하는 비용은 두 가지다. 영업이익을 계산하는 과정에서 고려하는 비용은 크게 매출원가와 판매관리비(이하 판관비)로 나뉜다.

- 매출원가 : 제품을 만들거나 서비스 제공에 직접적으로 들어간 비용 (예 : 원재료비, 인건비, 공장 전기료 등)
- 판매관리비(판관비) : 회사 운영을 위해 필요한 비용 (예 : 광고비, 임대료, 연구개발비, 직원 급여 등)

매출원가란 제품을 만들거나 팔기 위해 직접적으로 들어간 직접적인 비용이다. 재료비, 인건비, 전기료 등 생산과정에서 발생하는 비용이다. 판매관리비는 판매활동을 하기위해 필요한 비용을 의미한다. 재료비만큼 직접적이진 않지만 회사를 유지/운영하는 데 필요한 간접비용이라고 생각하면 된다. 따라서, 매출액 대비 영업이익이 낮은 기업이라면 원재료비 혹은 판관비가 높게 지출되고 있다고 유추한다. 만약 매출액은 증가하는데 영업이익은 같은 수준에 머무른다면, 원재료비의 상승이나 판관비의 상승이 원인이라고 유추할 수 있다.

예를 들어, IT 기업이 있다고 하자. 매출이 늘었는데도 영업이익이 정체되었다면 연구개발비가 크게 증가했거나 마케팅 비용이 예상보다 많이 들었을 가능성이 있다. 반대로 영업이익이 꾸준히 늘어난다면 비용을 잘 통제하면서도 매출이 늘고 있다는 뜻이다.

영업이익이 꾸준히 증가하는지의 관점에서 바라보면 된다. 꾸준히 증가하는 기업은 본업이 탄탄하게 성장하고 있을 가능성이 크다.

매출이 늘어도 영업이익이 감소한다면 비용이 지나치게 증가한 것은 아닌지 확인해야 한다. 영업이익이 일시적으로 증가했다면 특별한 요인(일시적 비용 절감, 단기적 가격 인상 등)이 있었는지 살펴봐야 한다. 영업이익은 단순한 숫자가 아니라 기업이 얼마나 효율적으로 돈을 벌고 있는지를 보여주는 중요한 지표다. 지속적으로 성장하는 기업인지 판단하기 위해 영업이익의 흐름을 살펴보는 습관을 들이자.

## ● 3. 영업이익률

영업이익률은 매출액에서 영업이익이 차지하는 비율을 의미한다. 이는 기업이 번 돈 중에서 실제 이익으로 남기는 비율을 보여주는 중요한 지표다.

예를 들어 매출액이 100억 원이고 영업이익이 10억 원이라면, 영업이익률은 10%다. 영업이익률이 높을수록 수익성이 높고 효율적으로 돈을 버는 기업이다. 영업이익률은 산업별 특성을 반영해 비교해야 한다. 영업이익률은 산업마다 차이가 크다. 일반적으로 제조업보다 소프트웨어, 플랫폼 기업, 고부가가치 제품을 생산하는 기업의 영업이익률이 높다.

예를 들어, 미국의 대표적인 기업인 애플의 영업이익률은 20~25% 수준이다. 반면, 유통업체인 이마트의 영업이익률은 1~3%에 불과하다. 이처럼 같은 매출을 기록해도 업종에 따라 영업이익률은 크게 다를 수 있으므로 동일한 산업 내 경쟁사와 비교하는 것이 중요하다. 높은 영업이익률은 시장 경쟁력을 의미할 가능성이 크다. 같은 산업 내에서 경쟁사 대비 영업이익률이 높다면, 기업이 시장에서 프리미엄을 받고 있거나 가격 경쟁력이 높을 가능성이 있다.

삼양식품, 농심, 오뚜기같은 식품 기업들의 영업이익률은 5~10%대로 한 자릿수를 유지하는 반면, 스타벅스 같은 글로벌 프리미엄 브랜드는 15% 이상의 높은 영업이익률을 기록하기도 한다.

### 투자의 관점 : 영업이익률의 변화가 어떠한가?

영업이익률은 무조건 꾸준히 증가하는 항목이 아니다. 매출이 증가한다고 해서 영업이익률이 반드시 증가하는 것도 아니며 기업이 영업이익률을 무한히 높일 수도 없다. 영업이익률을 분석할 때 가장 중요한 것은 '그 변화가 어떻게 이루어지는가?'를 살펴보는 것이다.

영업이익률이 상승한다면 비용 절감, 제품 가격 인상, 고부가가치 제품 판매 증가 등 긍정적인 변화가 작용하고 있을 가능성이 있다. 특히, 규모의 경제 효과가 발생하면서 원가가 절감되는 경우 영업이익률이 상승할 수 있다. 영업이익률이 하락한다면 단순히 하락 자체가 나쁜 것이 아니라, 그 원인을 파악해야 한다. 원자재 가격 상승, 인건비 증가 등의 외부 요인이라면 일시적일 수 있다.

반면, 경쟁 심화로 인해 제품 가격을 낮춘 것이라면 장기적으로 수익성에 부담이 될 수 있다. 영업이익률이 일정하게 유지된다면 기업이 안정적인 수익 구조를 유지하고 있는 것일 수 있다. 다만, 경쟁사 대비 영업이익률이 정체되고 있다면 상대적으로 경쟁력이 약화될 수 있다. 결국, 영업이익률은 단순히 높고 낮음을 평가하는 것이 아니라 그 변화의 방향과 이유를 분석하는 것이 핵심이다.

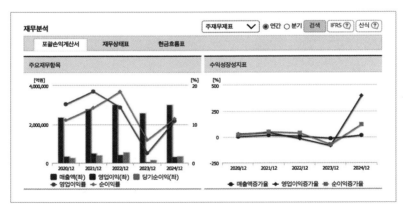

▲ 영업이익률을 그래프로 확인하는 방법. 네이버 증권 > 기업명 검색 > 종목분석 > 재무분석 > 포괄손익계산서

주식투자의 첫걸음은 기업분석부터

## ● 4. 부채비율

부채비율은 기업의 자기자본 대비 부채의 비율을 나타내는 지표다. 쉽게 말해, 기업이 자신의 돈(자기자본)보다 빌린 돈(부채)을 얼마나 활용하고 있는지를 보여준다. 예를 들어, 부채비율이 100%라면 자본과 부채가 동일하다는 의미다. 만약 부채비율이 150%라면 자기자본보다 부채가 1.5배 많다는 뜻이다. 반대로, 부채비율이 50%라면 자기자본이 부채보다 두 배 많아 재무적으로 안정적인 상태라고 볼 수 있다.

### 부채가 많다고 무조건 나쁜 것은 아니다

부채비율의 높고 낮음으로 위험한 기업이라고 단정할 수는 없다. 부채비율은 여러 요소를 복합적으로 이해해야 하는 항목이다. 부채가 많아도 잘 운영되면 높은 성장 가능성을 가질 수 있기 때문이다. 공격적인 성장 전략을 가진 기업일 경우 부채를 활용해 사업 확장과 투자를 지속적으로 하며 수익성을 높이는 전략을 사용한다. 또한 산업 특성의 차이도 존재한다. 은행, 보험사같은 금융업은 부채를 활용해 이익을 창출하는 구조이므로 부채비율이 높다. 제조업은 공장과 설비투자 등이 많아 부채비율이 높을 수 있다. 우리가 체크할 포인트는 부채비율의 추이를 지켜보며 점차 낮아지는 방향으로 가는지 확인하는 것이다. 개인적으로 부채비율이 100% 이내일 때 그리고 점차 감소하고 있을 때 안정적이라고 생각하고 투자에 참고한다.

$$부채비율 = (부채총액 / 자기자본) \times 100$$

**투자의 관점 : 부채비율이 안정적인가?**

일반적으로 부채비율이 100% 이하이고 점차 낮아지고 있다면 안정적인 기업으로 평가할 수 있다. 하지만 산업별로 적정 수준이 다르므로 동일한 업종 내에서 비교하는 것이 중요하다. 기업이 부채를 어떻게 활용하고 있으며 이를 감당할 수 있는지 확인하는 것이 핵심이다.

### ● 5. EPS(주당순이익)

EPS는 주식 1주당 순이익을 의미한다. 쉽게 말해 기업이 벌어들인 순이익을 발행된 주식 수로 나눈 값이다. EPS가 높다는 것은 기업이 많은 이익을 내고 있으며 이를 주주들에게 환원할 수 있는 능력이 크다는 의미다. 따라서 EPS가 꾸준히 성장하는 기업은 장기적으로 투자 가치가 높을 가능성이 크다.

$$EPS = 당기순이익 / 발행주식수$$

즉, 기업이 순이익을 많이 낼수록 혹은 발행주식 수가 줄어들수록 EPS가 높아진다.

EPS는 순이익을 기준으로 계산되므로 영업이익이 증가하더라도 순이익이 감소하면 EPS가 낮아질 수 있다. 또한 순이익이 증가한다고 무조건 상승하는 것이 아니다. 발행주식 수가 늘어나면 EPS가 낮아질 수 있다. 예를 들어, 기업이 신주를 발행해 자금을 조달하면 EPS가 희석될 가능성이 있다. 반대로, 자사주 매입을 통해 유통 주식수를 줄이면 EPS가 상승할 수 있다.

**투자의 관점 : 주당순이익이 점차 상승하는가?**

EPS는 기업의 실제 수익성을 나타내는 중요한 지표이므로 투자할 때 EPS가 장기적으로 증가하는지를 살펴보는 것이 중요하다. 기업의 순이익이 지속적으로 증가하는가? 발행주식수가 불필요하게 늘어나지 않았는가? 영업이익 증가가 순이익과 EPS로 이어지는가? EPS가 꾸준히 증가하는 기업이라면 배당 지급 가능성도 높고, 장기적인 주가 상승을 기대할 수 있다. 따라서 EPS의 성장 여부를 꾸준히 확인하는 것이 투자 판단에 있어 핵심이다.

이 항목은 기업의 건강 상태를 간단히 점검하도록 돕는 최소한의 핵심이다. 그럼 전 단계와 마찬가지로 삼성전자를 예시로 살펴보자. 기업에 대한 사전 정보가 없다는 것을 가정으로, 간단 재무제표만 보고 생각의 흐름이 어떻게 흘러가는지 참고하면 좋다.

**삼성전자 주요재무(연간실적)**

| 기간 | 2022.12. | 2023.12. | 2024.12. | 2025.12. |
|---|---|---|---|---|
| **매출액** | 3,022,314 | 2,589,355 | 3,008,709 | 3,193,708 |
| **영업이익** | 433,766 | 65,670 | 327,260 | 312,455 |
| 당기순이익 | 556,541 | 154,871 | 344,514 | 302,950 |
| 지배주주순이익 | 547,300 | 144,734 | 336,214 | - |
| 비지배주주순이익 | 9,241 | 10,137 | 8,300 | - |
| **영업이익률** | 14.35 | 2.54 | 10.88 | 9.78 |
| 순이익률 | 18.41 | 5.98 | 11.45 | 9.49 |
| ROE | 17.07 | 4.15 | 9.03 | 7.44 |
| **부채비율** | 26.41 | 25.36 | 27.93 | - |
| 당좌비율 | 211.68 | 189.46 | 187.80 | - |
| 유보율 | 38,144.29 | 39,114.28 | 41,772.84 | - |
| **EPS** | 8,057 | 2,131 | 4,950 | 4,376 |
| PER | 6.86 | 36.84 | 10.75 | 13.76 |
| BPS | 50,817 | 52,002 | 57,981 | 59,864 |
| PBR | 1.09 | 1.51 | 0.92 | 1.01 |
| 주당배당금 | 1,444 | 1,444 | 1,446 | 1,516 |

1. **매출액** : 판매가 증가하는가? 삼성전자의 경우, 2022년까지는 매출액이 증가했으나, 2023년에는 감소했다. 2024년에는 회복하는 모습을 보이며 2025년에는 전년도 매출액을 넘어설 것이라는 증권사의 예측을 재무제표에서 읽어낼 수 있다.

2. **영업이익** : 사업으로 벌어들인 돈은 증가하는가? 영업이익은 판매금액에서 인건비, 광고비, 관리비 등 판매 관리에 든 비용과 재료비를 제외한 금액이다. 쉽게 말해, 사업 활동을 통해 얻은 수익이다.

3. **영업이익률** : 이익률에 변화가 있는가? 영업이익률은 매출액 대비 영업이익의 비율을 나타낸다. 예를 들어 1,000원어치를 팔고 300원이 남았다면 영업이익률은 30%이다. 삼성전자는 2023년을 제외하고는 대체로 10%대의 영업이익률을 기록했다. 하지만 2023년에는 영업이익률이 2%로 급감했다. 그렇다면 일반적인 변동 폭이 아니라 특별한 이유가 있었다고 유추할 수 있다. 무엇 때문일까?

영업이익 = 매출액 - (원가 + 판매관리비)

영업이익률이 낮아졌다는 것은, 원가 혹은 판관비가 증가했다는 뜻이다. 물가 상승으로 인한 원자재값 상승, 마케팅비용 상승, 인건비 상승 등 이슈를 짐작할 수 있다. 정확한 이유는 사업보고서의 재무제표를 보거나 추가 검색을 통해서 찾으면 된다. 만약 과거에도 비슷한 사례가 있었다면 당시 주가는 어떻게 반응했는지까지 알고 있으면, 다음에 비슷한 상황에서 미리 참고할 수 있다.

4. **부채비율** : 삼성전자의 부채비율은 25~27%로 유지되고 있다. 총자산 중 부채가 차지하는 비중이 낮아 재무구조가 안정적이라는 의미다. 일반적으로 부채비율이 100% 이하면 안정적인 수준으로 평가하는데 삼성전자는 그보다 훨씬 낮은 수준을 유지하고 있다. 부채비율이 높으면 위험하다는 막연한 생각보다는 이렇게 대표 우량기업의 평균 수준을 기준 삼아 보는 것이 좋다.

5. **EPS(주당순이익)** : 주당순이익이 상승하는가? 삼성전자가 2024년에는 사업이 작년보다 잘 되어서 영업이익은 늘었지만 본업 외의 이유로 순이익은 줄었다는 것을 알 수 있다. 즉, 주식 투자자인 우리가 기업분석을 할 때는 이 회사가 본업을 잘하고 있는지를 보려면 영업이익을, 주주의 수익이 늘어나는지를 볼 때는 EPS를 참고하면 좋다.

이렇게 네이버 증권을 활용하여 기업의 기본적인 재무 상태를 살펴보았다. 각 항목을 이해하고, 5가지 변동 사항을 체크하는 것만으로도 대략적인 기업의 사업과 재무 상태를 파악할 수 있다.

| 항목 | 뜻 | 활용 |
|------|------|------|
| 매출액 | 총매출 | • 매출액이 꾸준히 느는가?<br>사업의 성장, 시장점유율 확대 가능성 |
| 영업이익 | 본업으로 벌어들인<br>실제 이익 | • 영업이익이 꾸준히 느는가?<br>수익성 개선 |
| 영업이익률 | 매출에서 영업이익이<br>차지하는 비율 | • 영업이익률이 어떻게 변화하는가?<br>동종 산업 내 높은 기업일수록 경쟁력이 강함 |
| 부채비율 | 기업이 얼마나 빚을<br>졌는가 | • 재무가 얼마나 안정적인가?<br>산업특성에 따라 판단 필요.<br>100% 이내라면 자본보다 빚이 적음 |
| EPS | 주식 한 주당 기업이<br>벌어들이는 순이익 | • EPS가 꾸준히 느는가?<br>주가 상승 가능성과 장기투자가치 |

재무제표는 처음 접하면 어렵고 복잡해 보이지만 꼭 필요한 핵심만 이해하면 투자자에게 강력한 무기가 될 수 있다. 모든 숫자를 깊이 파고들 필요 없이, 기업이 성장하고 있는지, 재무적으로 안정적인지를 확인하는 몇 가지 지표만 익히면 된다. 매출액이 꾸준히 증가하는지, 영업이익이 안정적으로 유지되는지, 부채비율이 지나치게 높지는 않은지, 이 몇 가지만 체크해도 기업의 기본적인 건강 상태를 파악할 수 있다. 숫자에 대한 부담을 내려놓고, 단순히 기업의 '체력'을 점검하는 도구라고 생각하면 훨씬 쉽게 접근할 수 있다.

**STEP 3.**

## 누구에게 돈을 맡길 것인가

세 번째, 기업의 자기소개를 듣는다.
정량보다 정성적인 부분을 보는 단계다.
기업이 걸어온 길, 경영진, 홈페이지 등에서
기업을 느껴보자.

기업을 이해하는 가장 빠르고 직접적인 방법 중 하나가 홈페이지를 살펴보는 것이다. 홈페이지가 거기서 거기 아니냐, 뻔하다고 할 수 있지만 막상 홈페이지를 방문하면 다르게 느낄 것이다. 많은 사람들이 재무제표나 뉴스 기사로 기업을 분석하지만 쉽게 접근할 수 있는 홈페이지야말로 기업이 투자자들에게 직접 전달하는 가장 정제된 정보의 집합체다. 특히, 홈페이지는 기업이 스스로 강조하는 강점과 방향성을 보여준다는 점에서 중요하다. 사람으로 치면 자기소개인 셈이다.

네이버 증권에서 본 '기업개요'는 맛보기일 뿐이다. 어떤 사업을 하고, 어떤 제품을 팔고, 어떤 방향으로 나아가려 하는지를 한눈에 파악하려면 홈페이지를 방문해보자. 어렴풋했던 정보들을 홈페이지를 통해 시각적으로 확인하면 직관적으로 와닿는다. 홈페이지에서 볼 수 있는 정보는 단순한 텍스트가 아니다. 기업에서 풍기는 이미지 등 객관적인 정보에서는 느껴지지 않는 감각을 느낄 수 있다. 같은 업종이라도 어떤 기업은 미래지향적인 혁신을 강조하고, 어떤 기업은 안정적인 운영을 내세운다. 이런 차이는 숫자로 표현되지 않지만, 기업의 성향과 전략을 감지하는데 단서가 된다.

홈페이지에서 어떤 내용을 확인해야 하고, 이를 투자에 어떻게 활용할 수 있는지 알아보자.

# 홈페이지에서
# 확인해야 할 3가지

## 01 사업과 제품

기업의 홈페이지에서 가장 먼저 확인해야 할 것은 해당 기업이 어떤 제품이나 서비스를 제공하는지다. 홈페이지의 '사업 영역' 또는 '제품 소개' 페이지를 살펴보면 기업이 속한 산업, 주요 매출원 그리고 현재 주력으로 삼고 있는 제품이나 서비스를 쉽게 파악할 수 있다. 예를 들어, 매일유업의 홈페이지를 살펴보면 다음과 같은 정보를 얻을 수 있다.

첫 번째 카테고리인 '사업 분야'를 클릭하면 다양한 제품군이 소개되어 있다. 익숙한 우유 제품부터 커피 음료, 헬스 애호가를 위한

▲ 매일유업 기업 홈페이지

단백질 음료까지 폭넓은 상품군을 확인할 수 있다. 또한 상단 메뉴의 '브랜드' 페이지에서는 각 제품군이 어떤 브랜드로 나뉘어 있는지도 볼 수 있다.

이처럼 홈페이지를 통해 제공되는 제품과 서비스의 종류를 확인하면 기업의 핵심 사업이 무엇이고, 현재 어느 시장에서 경쟁하고 있는지 판단할 수 있다. 또한, 특정 제품이 전체 매출에서 차지하는 비중이나 기업이 새롭게 진출하려는 시장을 유추하는 데 도움을 준다. 홈페이지에서 가장 강조하는 제품이 무엇인지 파악하자. 이는 기업의 성장 전략과 연결될 수 있다. 신제품 출시 소식이나 최근 업데이트된 콘텐츠를 확인하면 기업이 집중하는 사업 방향을 읽을 수 있다.

또한, 경쟁 기업과 비교하는 것도 중요하다. 동일 업종의 유사한 기업들의 홈페이지를 방문해보면 기업별로 어떤 제품을 주력으로

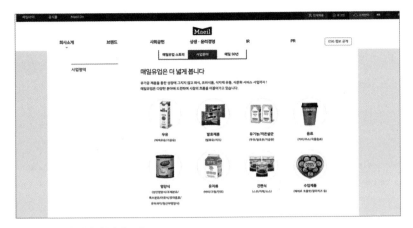

▲ 매일유업 홈페이지 '사업분야'

하는지 자연스럽게 비교가 된다. 어떤 기업이 차별화된 전략을 취하는지 파악할 수 있다. 예를 들어 A사는 친환경 기술을 강조하는 반면, B사는 가격 경쟁력을 내세울 수 있다.

## [02] 기업 연혁

기업의 과거와 현재를 이해하는 데 연혁 페이지는 유용한 정보원이 된다. 기업연혁을 보기 시작한 데에는 과거 반도체 산업의 패권 흐름에서 배웠던 교훈 때문이다. 1980년대 반도체 시장은 일본 기업들이 장악하고 있었지만 삼성전자는 과감한 투자와 연구개발을 통해 반도체 산업에 도전했다. 1990년대 들어 일본 반도체 기업들이 성장 정체를 겪는 사이, 삼성전자는 빠른 의사결정과 기술개발로 DRAM 시장에서 1위를 차지하는 데 성공했다.

특히, IMF 경제위기 당시에도 감산이 아닌 대규모 투자를 단행해서 경기 회복 후 시장을 주도할 기반을 마련했다. 이후 '초격차 전략'을 통해 경쟁사보다 한 세대 앞선 기술을 개발하며 글로벌 반도체 강자로 자리 잡았다. 삼성전자의 사례는 위기를 기회로 삼고 선택과 집중을 통해 경쟁력을 키운 기업 전략의 대표적인 성공 사례로 평가된다. 매일유업을 예로 들면, 단순한 우유 제조업체에서 시작해 치즈, 커피, 프리미엄 유제품 등으로 사업을 다각화해왔다. 이를 통해 우리는 몇 가지 질문을 던질 수 있다.

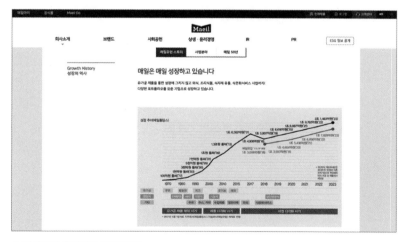

▲ 매일유업 홈페이지 '기업연혁'

- 왜 특정 시점에 제품을 다각화했을까?
- 과거의 사업 확장이 성공적이었는가?
- 현재 진행 중인 신사업은 어떤 의미를 가지며 향후 주가에 어떤 영향을 미칠까?

기업 연혁을 읽으며 기업의 발자취를 이해해보자. 사업 방향성과 전략적 선택의 이유를 이해하면 앞으로의 기업 경영스타일을 참고하며 투자 판단에 필요한 개인적인 의견을 구축할 수 있다. 연혁에서 특정 시점에 발생한 변화(인수합병, 브랜드 론칭 등)에 주목하자. 이는 기업의 미래 전략을 유추하는 데 도움이 된다. 기업이 지속적으로 성장해왔는지 아니면 정체되었는지 확인하자.

## ● 사업의 다각화 vs 선택과 집중

사업의 다각화는 기업이 성장하는 과정에서 자주 선택하는 전략 중 하나다. 이는 단순히 사업 영역을 확장하는 것이 아니라, 리스크 관리와 새로운 기회의 확보라는 두 가지 목적을 가진다. 하지만 모든 기업이 다각화를 통해 성공하는 것은 아니다. 오히려 선택과 집중을 통해 핵심 역량을 강화하는 전략이 더 효과적일 때도 있다. 그렇다면 투자자는 기업이 다각화를 통해 성장 가능성을 높이는지, 아니면 오히려 비효율적인 사업 확장을 하는지를 어떻게 구분하고 판단할 수 있을까?

우선, 기업이 다각화를 선택할 때 기존의 핵심 경쟁력과 얼마나 연관이 있는지를 살펴보는 것이 중요하다. 예를 들어, 반도체 제조사가 기존의 기술력을 활용해 반도체 설계 사업으로 확장하는 것은 합리적인 다각화다. 반면, 기존 사업과 전혀 관련 없는 외식업이나 패션 사업에 진출한다면 이는 무리한 확장일 가능성이 크다.

투자자는 홈페이지의 사업 소개 페이지나 최근 공시 자료를 통해 기업이 새로운 사업을 어떻게 설명하는지를 확인할 수 있다. 만약 기업이 기존의 강점을 기반으로 새로운 사업을 발전시키고 있다면 이는 긍정적인 신호다. 하지만 단순히 '새로운 시장 기회'라는 막연한 이유로 다각화를 진행하고 있다면 성공 가능성이 낮을 수 있다.

반대로, 어떤 기업들은 선택과 집중 전략을 통해 더 큰 성장을 이루기도 한다. 모든 사업을 유지하려 하기보다는, 수익성이 낮거나 성장 가능성이 적은 사업을 정리하고 핵심 사업에 집중하는 것이 더 효과적일 때가 있다. 예를 들어, 애플은 한때 다양한 제품 라인을 운영했지만, 스티브 잡스 복귀 이후 핵심 제품군(맥북, 아이폰, 아이패드)에 집중하면서 강력한 경쟁력을 확보했다. 반면, 사업다각화에 실패한 기업들은 여러 개의 사업을 운영하면서도 어느 하나에서 두각을 나타내지 못해 결국 경쟁력을 잃게 된다. 투자자는 기업이 선택과 집중을 할 때, 단순한 구조조정이 아니라 전략적인 방향성을 가지고 있는지를 살펴봐야 한다. 기업이 특정 사업을 정리하는 이유가 단순한 비용 절감 때문인지, 아니면 핵심 사업의 성장성을 높이기 위한 것인지를 파악하는 것이 중요하다.

이는 CEO의 메시지나 기업의 연혁을 통해 확인할 수 있다. 홈페이지에서 '경영자 메시지'나 '사업 전략' 섹션을 보면 기업이 어떤 사업을 우선순위로 두고 있는지를 파악할 수 있다.

## ⌈03⌉ 경영자

경영진은 기업의 방향성을 좌우하는 중요한 요소다. 홈페이지에서 경영진 관련 정보를 확인하는 것은 겉핥기에 그칠 수 있지만, 주요 단서를 제공하기도 한다. 예를 들어, 기업 창업주가 대표로 있는 경우 경영 철학과 이념이 기업 문화에 큰 영향을 미칠 수 있다.

또한, 오너리스크가 있는지 혹은 테슬라의 일론 머스크처럼 SNS를 통해 대중과 소통하며 영향을 미치는 인물인지도 파악할 수 있다. 매일유업 홈페이지를 보면 경영진의 사진은 없지만 대표 인사말을 통해 회사가 강조하는 가치를 엿볼 수 있다. 대표 키워드로 '상생'이 자주 등장한다는 점도 특징이다.

숨은 기회를 찾는
정보 탐험의 기술

정보를 접하고 우연한 호기심에서 투자 기회를 발견하기도 한다. 정보는 멀리 있지 않다. 우리가 지나쳤던 뉴스 한 줄, 검색창 속 몇 개의 키워드, 블로그에 남겨진 누군가의 기록에도 기업의 단서가 숨어 있다. 여기에서는 사업보고서, 뉴스, 리포트, 블로그처럼 실제로 활용할 수 있는 정보들을 어떻게 찾고, 어떻게 읽을지를 다룬다. 정보의 바다에서 길을 잃지 않고, 나만의 방향을 잡을 수 있는 탐험 기술을 익혀본다.

**STEP 4.**

## 비전공자도 술술 읽는 사업보고서

네 번째, 투자자를 위한 기업의 공식 자료를 확인한다.
기본이면서도 얼마든지 기업을 바라보는 관점을
확장해나갈 수 있는 중요한 단계다.
호기심만 있다면 즐거운 단계가 될 수 있다.

# 사업보고서는 개미를 위한 투명한 정보 창구

사업보고서라고 하면 어떤 이미지가 떠오르는가?

나와는 관련 없는 얘기의 향연일 것 같다. 왠지 딱딱하고, 어려운 용어와 숫자들로 가득 차 있을 것만 같다. 맞다! 어느 정도는 그렇다. 하지만 생각보다는 재밌을 수도 있다. 만약 기업의 홈페이지가 이미지와 디자인 요소를 활용한 예쁜 자기소개서라면 사업보고서는 보다 체계적인 형식 안에서 기업의 실제 집안 사정을 담아낸 공식 문서다.

쉽게 말해, "우리 회사는 이런 사업을 하고 있으며, 이번 분기에 이렇게 돈을 벌었습니다"라고 투자자들에게 공식적으로 발표하는 문서다. 업무적으로 관련이 있거나 기업분석을 할 게 아니라면 이런 사업보고서를 언제 또 열어보겠는가? 우리 일상에서 조금은 특별한 문서일 것이다. 기업이 어떤 사업을 하고 있는지, 얼마나 돈을 벌고 있는지, 어떤 위험 요소가 있는지 등이 구체적으로 정리되어 있다. 단순히 숫자로만 가득한 문서가 아니라 기업이 스스로를 설명하는 이야기와 전략을 담고 있어서 읽는 재미가 있다.

처음 기업분석을 해보려던 때 재무제표를 이해하기 위해 책을 한 권 샀었다. 그런데 재무제표를 알기 위해서는 사업보고서를 먼저 읽어야 했다. 그제야 사업보고서의 존재를 알게 됐고, 호기심에 열어보기 시작했다. 처음엔 익숙하지 않은 용어들 때문에 막막했지만, 눈에 띄는 부분부터 읽다 보니 점점 궁금한 것들이 생겼다.

주식투자를 깊이 고민하지 않고 하던 시절에는 기업을 이해해야 한다는 인식조차 없었고, 기업정보가 공식적으로 공개되는 사업보고서의 존재조차 알지 못했다. 하지만 한 장씩 넘기며 눈에 들어오는 부분부터 살펴보니 차츰 궁금한 점이 생기고 기업분석에 흥미를 느꼈다. '이익이 늘었다, 줄었다'를 넘어, '왜 그런 변화가 생겼을까?'라는 질문을 던지면서 사업보고서를 읽어 내려가기 시작했다. 사업보고서는 투자자가 기업을 이해할 수 있도록 공개된 자료다. 일부러 어렵게 쓰인 문서가 아니라, 투자자를 위한 일종의 안내서인 셈이다. 낯설고 어려운 용어들 때문에 부담스러울 수는 있다. 처음부터 전부 이해하려고 어렵게 생각할 필요 없다. 숫자가 보여주는 이야기, 기업이 스스로 내놓은 정보를 통해 기업이 시장에서 살아남기 위해 어떤 전략을 세우고 있는지, 앞으로 어디로 가려 하는지를 들여다보자.

# 실적시즌, 어닝쇼크와
# 어닝 서프라이즈

상장기업은 매 분기마다 1년에 4번씩 사업보고서를 포함한 정기 공
시를 한다. 이는 투자자들에게 기업의 경영 상태와 재무 상황을 투
명하게 공개해야 하는 법적 의무다. 사업보고서는 연간보고서와 분
기보고서로 나뉘며 기업의 중요한 변화나 의사결정에 관한 내용을
담고 있다.

기업마다 일정의 차이는 있는데 보통 1 ~ 3월간의 1분기 사업내
용이 5월에 공시되고, 4 ~ 6월 2분기 내용은 8월에, 7 ~ 9월 3분기는
11월에 공시된다. 마지막 4분기의 내용은 1, 2, 3분기처럼 분기보고
서가 아니라 1월부터 12월까지의 내용을 연간으로 정리한 사업보
고서로 다음 해 4월에 공시된다. 이렇게 사업보고서 공시가 집중되

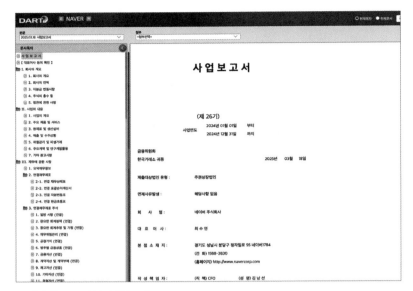

▲ 네이버(NAVER)의 사업보고서

▲ 농심 실적발표 이후 어닝 서프라이즈로 인해 주가가 상승한 사례

연결 손익계산서

제 60 기 반기 2023.01.01 부터 2023.06.30까지
제 59 기 반기 2022.01.01 부터 2022.06.30까지

(단위 : 원)

| | 제 60 기 반기 | | 제 59 기 반기 | |
|---|---|---|---|---|
| | 3개월 | 누적 | 3개월 | 누적 |
| 매출액 | 837,521,658,064 | 1,697,907,967,788 | 756,163,605,740 | 1,492,468,316,852 |
| 총매출액 | 936,972,676,845 | 1,892,794,629,828 | 845,150,774,764 | 1,665,160,960,357 |
| 매출에누리등 | (99,451,018,781) | (194,886,662,040) | (88,987,169,024) | (172,692,643,505) |
| 매출원가 | 569,355,603,192 | 1,165,708,196,541 | 552,927,142,877 | 1,074,465,044,676 |
| 매출총이익 | 268,166,054,872 | 532,199,771,247 | 203,236,462,863 | 418,003,272,176 |
| 판매비와 관리비 | 214,467,502,295 | 414,747,815,287 | 198,983,063,674 | 379,427,767,547 |
| 영업이익 | 53,698,552,577 | 117,451,955,960 | 4,253,399,189 | 38,575,504,629 |
| 기타수익 | 3,735,010,004 | 7,108,205,298 | 44,229,564,997 | 51,159,233,266 |
| 기타비용 | 1,385,709,814 | 2,752,222,203 | 14,432,900,443 | 15,406,978,919 |
| 금융수익 | 8,260,926,007 | 17,766,297,442 | 8,545,590,851 | 14,353,722,475 |
| 금융비용 | 4,342,543,714 | 8,856,104,111 | 7,088,333,130 | 9,809,601,723 |
| 지분법손익 | 41,622,341 | (100,618,779) | (141,403,873) | (268,852,175) |

▲ 2023년 8월 11일, 2분기 실적 발표에서 연결 기준 영업이익이 지난해 동기 대비 1,162% 늘었다. 실적발표 당일 동심의 주가는 하루 동안 11% 상승하였다.

PART 4. 숨은 기회를 찾는 정보 탐험의 기술

는 시기를 주식시장에서는 '실적 시즌'이라고 부른다. 이 시기에는 기업들이 연이어 실적을 발표함에 따라 주가의 변동이 생기기도 한다. 발표 후 실적이 시장의 기대치에 미치지 못하면 주가가 하락하는 '어닝쇼크', 반대로 예상을 뛰어넘는 실적으로 주가가 상승하는 현상을 '어닝 서프라이즈'라고 한다.

주의할 점은 실적이 좋다고 무조건 주가가 오르지는 않는다는 것이다. 어닝서프라이즈나 어닝쇼크처럼 실적이 주가에 영향을 미치기도 하지만, 그렇게 원칙처럼 작용하지 않는 경우가 대부분이다. 시장이 예상하는 실적은 이미 주식의 가격에 반영되어 있을 확률이 높기 때문이다. 실적이 지난 분기보다 낮아졌더라도 그 정도가 시장이 예상했던 것보다 약하다면 주가는 회복할 수 있고, 실적이 예상과 같다면 불확실성이 해소되며 실적 하락이 반영되어 있던 주가가 되려 약상승할 수도 있다. 즉, 실적에 따른 주가의 절대 등락 법칙은 없는 것이다.

필자의 경험상 실적의 영향은 국내보다는 미국의 증시에서 보다 명확하게 나타나는 편이다. 미국 시장은 기관투자자와 알고리즘 트레이딩의 비중이 높다. 기관투자자들은 실적 발표와 동시에 자동매매시스템을 활용해 즉각적으로 반응하며 예상보다 좋은 실적이 나오면 매수세가 몰리고, 반대로 부진한 실적이 발표되면 매도세가 몰리는 경향이 있다. 또한 실적발표 직후 기업 경영진과 애널리스트들이 컨퍼런스콜을 진행하여 다음 분기에 예상되는 실적가이던스를 제시하고 투자자들은 이에 빠르게 반응한다. 기술주의 비중이 큰 것도 한 몫 한다. 미국 증시는 애플, 마이크로소프트, 엔비디아 등 기술주 비중이 높고, 기술주는 성장성이 중요한 만큼 실적 변동에 민감하게 반응한다.

이처럼 실적에 따른 주가변동의 요인은 다양하다. 그래서 실적 발표 후 단기적인 변동성에 휩쓸리기보다는 장기적인 실적 성장과 산업 전망을 중심으로 투자 판단을 내리는 게 좋다. 분기 실적을 넘어 연간 실적은 장기적으로 우상향하고 있는지, 이번 해 실적 변동의 이유가 시장의 일회성, 특수한 이슈에 따른 것이라면 다음 해에는 변화하거나 성장할 가능성이 있는지를 중점으로 살피기 위해 노력하자.

# 투자자의 필수 도구
# 전자공시 사이트 '다트'

그럼 이제 사업보고서를 직접 확인해보자. 기업에서 실적발표나 중요한 공시가 나온 건 없는지 확인하고 싶은데, 어디서 찾아봐야 할까? 이럴 때 유용한 사이트가 바로 금융감독원이 제공하는 전자공시시스템, '다트DART'다.

다트는 기업들이 의무적으로 제출해야 하는 각종 보고서를 모아둔 곳으로 투자자라면 자연스럽게 친근해지는 사이트이다. 이 전자공시사이트의 목적은 기업이 투자자에게 투자에 영향이 있는 중요한 정보를 투명하게 공개하도록 하기 위함이다. 상장된 기업들의 공시자료가 한 데 올라와 있기때문에 투자자들은 다트 공시를 통해 기업의 상황을 알 수 있고 정보에 편리하게 접근할 수 있다.

사용법은 간단하다. '다트' 사이트 메인화면 검색창에서 기업명을 검색하면 그동안 공시된 자료들을 한 번에 조회할 수 있다. 사업보고서, 배당에 관한 사항, 대주주의 지분 변동처럼 공시가 필요한 자료들이 올라온다. 이러한 정보를 통해 사업이 어떻게 운영되고 있는지, 문제가 있는지를 알 수 있다. 그 중에서도 우리가 주력으로 활용할 자료는 사업보고서와 분기보고서다. 기업을 처음 분석하는 과정에서는 가장 최근에 공시된 '분기보고서'(1, 2, 3분기 공시) 혹은 '사업보고서'(1~4분기 연말공시)를 먼저 확인하자. 다트를 활용하는 방법은 간단하다. 사이트에 접속한 후, 메인화면 '공시통합검색'창에 원하는 기업 이름이나 종목 코드를 검색하면 공시된 자료들을 전부 조회할 수 있다. 기업분을 위한 사업보고서만 빠르게 조회하고 싶다면 '정기공시'를 체크하여 필터 설정하면 된다.

▲ '다트' 메인화면에서 사업보고서 조회하기

초보자라면 처음에는 보고서가 복잡하고 어려워 보일 수 있지만 너무 걱정하지 않아도 된다. 다트에 올라온 보고서들은 투자자가 이해할 수 있도록 되어 있으니, 조금씩 읽어보면서 익숙해지면 된다. 공시를 클릭하면 보고서가 새 창으로 뜬다.

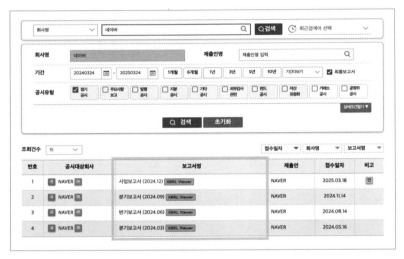

▲ '다트'에서 사업보고서를 조회하면 원하는 시점의 보고서를 확인할 수 있다.

다음은 사업보고서 새창이 열린 모습이다. 보고서의 왼쪽에는 목차가 있다. 목차에서 원하는 내용을 클릭하여 페이지를 이동할 수 있다. 조회 후 우측 보고서 본문을 찬찬히 읽어 내려가면 된다. 기업을 알기 위해 보고서를 통해 필수적으로 확인하는 부분은 '사업의 내용' 그리고 '재무에 관한 사항'이다.

▲ 사업보고서 창이 열린 모습

# 사업보고서
# '사업의 내용'

## ┌01┐ 기업이 말하는 사업은 어떠한가?

이 부분에서는 지난번 네이버에서 확인했던 기업개요를 보다 자세히 확인하는 부분이다. 사업의 개요 부분만 잘 읽어도 회사의 사업모델에 대해 무리없이 이해할 수 있다. 꼭 읽어보아야 할 부분이다. 가장 중요한 것은 이 기업이 어떤 방식으로 돈을 버는지 파악하는 것이다.

　예를 들어, 전자제품 기업을 조사할 때 '가전제품을 만든다'라고만 이해하는 것이 아니라 어떤 제품이 주력인지, 주요 매출원이 어디인지(소비자 판매인지 기업 간의 거래인지), 해당 사업이 발 담고 있는 산업의 업황은 어떻게 흘러가고 있는지, 새로운 사업을 확장 중인지와 같은 현황을 파악하는 것이다.

코스닥에 상장한 마녀공장 기업의 사업내용을 예로 들어 설명해보려고 한다. 마녀공장은 개인적으로 화장품 로드 편집숍인 올리브영에서 클렌징 제품을 검색하다가 알게 되었다. 마녀공장의 사업의 개요는 네이버에 올라와 있는 기업개요보다 조금 더 설명이 덧붙여진 버전이다.

'1. 사업의 개요'를 읽어보면 마녀공장은 기능성 자연주의 화장품브랜드로 시작해, 최근에는 클린뷰티·비건 화장품 시장으로 확장하며 성장해왔다. 화장품 중

▲ 사업보고서 좌측의 목차

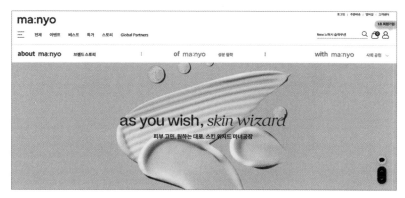

▲ 화장품 상장기업 '마녀공장' 홈페이지. 회사의 홈페이지가 소비자를 대상으로 한 쇼핑몰 형태라면, 투자 정보는 사이트의 맨 아래 하단에서 찾을 수 있다.

## II. 사업의 내용

### 1. 사업의 개요

당사는 2012년 자연 유래 발효 추출물에서 찾은 미백 케어 기능성 제품을 시작으로 좋은 성분과 확실한 효능에 대한 고객 신뢰를 쌓아가며 자연주의 기능성에서 더 나아가 클린뷰티, 비건 화장품 시장의 본격 포문을 열며 성장해왔으며 대표 브랜드인 '마녀공장'을 중심으로 '아워비건'과 같은 기초 화장품 브랜드와 향 특화 브랜드인 '바릴라부티크', 색조화장품 브랜드 '노머시' 등을 보유하고 있습니다.

당사가 보유한 주요 품목은 앰플&세럼, 클렌징, 스킨케어, 기타 등으로 분류되고 있으며, 안정적인 포트폴리오를 통한 고객 만족 실현 및 동종업계 경쟁사 대비 높은 성장을 지속하고 있습니다.

더불어 당사는 OEM/ODM사와 설립 초기부터 파트너십을 가지고 제품을 생산하는 방식으로 다양한 성분과 기능의 제품들을 신속, 유연하게 출시할 수 있는 장점을 활용하여 빠르게 변화하는 소비자 니즈에 신속하게 대응하며 다양한 마케팅을 진행하여 더 많은 고객들에게 마녀공장 브랜드를 각인시킬 것 입니다.

▲ 마녀공장 사업보고서 사업의 내용 > 1. 사업의 개요

에서도 비건 제품, 자연에서 유래된 친환경 제품 개발을 주력으로 하고있음을 첫 번째 문단에서 알 수 있다.

사업내용의 '주요 제품 및 서비스'에서는 기업의 매출 구조를 확인할 수 있다. 가장 매출이 높은 제품과 서비스 설명을 확인할 수 있는 목차다. 마녀공장의 경우 앰플&세럼, 클렌징, 스킨케어 제품이 주요 카테고리이며, 재구매율이 높은 스킨케어 제품군을 중심으로 매출을 구성하고 있다. 이는 고객이 한 번 구매하고 끝나는 것이 아니라 지속적으로 제품을 소비할 가능성이 높다는 것을 의미한다.

투자자의 입장에서는 이러한 매출 구조가 안정적인지, 성장성이

## 2. 주요 제품 및 서비스

### 가. 주요 제품 등의 현황

(단위 : 백만 원)

| 비율 | 품목 | 2024년도 (제 13기) | | 2023년도 (제 12기) | | 2022년도 (제 11기) | |
|---|---|---|---|---|---|---|---|
| | | 금액 | 비율 | 금액 | 비율 | 금액 | 비율 |
| 제품 | 앰플&세럼 | 19,675 | 15.38% | 23,889 | 22.75% | 37,394 | 36.72% |
| | 클렌징 | 73,571 | 57.51% | 53,605 | 51.05% | 36,123 | 35.47% |
| | 스킨케어 | 24,786 | 19.38% | 21,679 | 20.65% | 21,922 | 21.53% |
| | 기타 | 5,363 | 4.19% | 4,433 | 4.22% | 4,423 | 4.34% |
| 상품 | | 4,492 | 3.51% | 1,354 | 1.29% | 1,900 | 1.87% |
| 기타 | | 32 | 0.03% | 41 | 0.04% | 74 | 0.07% |
| 합계 | | 127,919 | 100.00% | 105,001 | 100.00% | 101,836 | 100.00% |

### 나. 주요 제품 등의 가격변동추이

당사는 퓨어 클렌징 오일, 갈락 나이아신 에센스, 비피다 바이옴 콤플렉스 앰플 등 주요 제품 출시 이후 소비자 판매가가 변동된 바 없습니다. 다만, 용량, 프로모션 등에 따라 실제 판매가격은 시기별로 상이하며, 올리브영, 큐텐, 라쿠텐 등 주요 판매채널의 프로모션 규모에 맞는 기획세트를 출시하여 단위 별 제품 단가 산정이 어렵습니다.

▲ 마녀공장 사업보고서 사업의 내용 > 2. 주요 제품 및 서비스

있는지를 확인하는 것이 중요하다. 마녀공장의 사업보고서에 설명된 소비자 니즈에 신속하게 대응한다는 내용으로 미루어보아 해당 기업은 소비자 대상으로 매출을 일으키는 기업이며 다양한 마케팅 전략이 매출 향상의 요인이라는 점을 유추해 볼 수 있다.

사업보고서의 '원재료 및 생산설비' 항목은 기업의 원가 구조와 생산 안정성을 파악하는 정보가 담겨 있다. 먼저, 제품 원재료의 가

## 3. 원재료 및 생산설비

### 가. 원재료

#### (1) 주요 원재료 등의 현황

당사는 OEM 방식을 통해 제품을 생산하여 화장품 원료는 OEM사에서 수급하지만, 1차 부자재는 당사가 직접 사입하여 제조업체에 공급하는 방식으로 생산하고 있습니다. 당사의 주요 원재료는 화자품 용기, 단상자(종이포장), 튜브, 라벨 등이 해당되며, 이를 각 제조사에 사급하여 공급해주고 있습니다.

(단위 : 천 원)

| 비율 | 품목 | 구분 | 2024년도 (제 13기) | 2023년도 (제 12기) | 2022년도 (제 11기) |
|---|---|---|---|---|---|
| 원재료 | 용기, 튜브, 단상자, 라벨 등 | 국내 | 18,200,965 | 14,081,859 | 14,101,116 |
| 외주가공비 | 충진 | 국내 | 36,311,172 | 29,197,704 | 25,724,722 |
| 상품 | 기타 | 국내 | 712,780 | 879,477 | 65,877 |
| 총 합계 | | | 55,224,917 | 44,159,040 | 39,891,715 |

▲ 마녀공장 사업보고서 사업의 내용 > 3. 원재료 및 생산설비 중 원재료 가격 변화 - 1

격 변동과 수익성을 확인할 수 있다. 이번 분기와 지나온 분기의 원재료 가격 변동을 보며 수익성이 개선되고 있는지를 파악하는 것이다. 원재료 가격이 하락했다면 원가 절감 효과로 수익성이 개선되었다고 긍정적으로 판단하고, 반대로 원재료 가격이 근래에 상승했다면 원가 증가로 이익률 감소의 가능성이 있는 것이다. 예를 들어 항공업은 유가 하락 시 원자재 비용이 줄어들어 주가가 오르는 경향이 있다. 화장품 기업도 핵심 원재료 가격이 하락하면 수익성이 개선될 가능성이 크다. 그렇다면 원자재 가격은 어떤 경우에 변동이 생길까?

### (2) 주요 원재료 등의 가격변동추이

당사는 엄격한 품질 관리 하에 원재료 공급업체를 선택하고 있으며, 당사의 제품에 대한 연도별 주요 원재료 가격 변동 추이는 다음과 같습니다.

(단위 : 원)

| 품목 | 2024년도 (제 13기) | 2023년도 (제 12기) | 2022년도 (제 11기) |
|---|---|---|---|
| Pet bottle 200(플라스틱 용기) | 50 | 570 | 590 |
| MK500ml(유리 용기) | 1,005 | 1,005 | 1,005 |
| 45파이 PE Tube(튜브) | 370 | 370 | 370 |

위 원재료 가격 변동 추이는 각 연도별 평균 매입단가 기준으로 기입하였으며, 발주수량 증가에 따른 대량 매입으로 일부 원재료 품목에 대한 매입단가가 하락였습니다. 또한 사업 내 전반적인 화장품 부자재 가격이 상승했음에도 불구하고 당사는 발주 물량의 증가로 공급업체와 협의하여 유리 용기 등의 원재료 단가를 유지하고 있습니다.

▲ 마녀공장 사업보고서 사업의 내용 > 3. 원재료 및 생산설비 중 원재료 가격 변화 - 2

원재료 가격에 영향을 미치는 요인에는 크게 두 가지가 있다. 시장의 상황에 따라 원자재 공급의 부족이 발생하거나 원재료를 해외에서 조달한다면 원/달러 환율이 상승할 경우 비용 부담이 커진다. 반대로 환율이 하락하면 원가 절감 효과를 볼 수 있다.

다음으로는 원재료의 주요 공급처와 의존도를 확인해보자. 기업이 한두 개의 특정 업체에 원재료를 의존하고 있다면 해당 공급업체의 생산 차질이 곧 기업의 리스크로 이어질 수 있다. 반대로 다수의 공급처를 확보한 기업은 원재료 조달이 비교적 안정적이며 협상력이 있을 가능성이 높아진다. 기업에 따라 사업보고서에서 공급사 정보를 밝히지 않는 경우도 있다.

### 나. 생산 및 생산설비에 관한 사항

당사는 주문자가 요구하는 제품과 상표명으로 완제품을 생산하는 방식인 100% OEM 방식으로 제품을 생산하고 있습니다. 원료개발, 제형개발, 내용물 생산, 내용물 충진, 용기개발, 포장재 개발 등 화장품 생산에 소요되는 각 단계별로 전문성을 갖춘 다수의 업체들이 존재하며, 이 중 당사가 기획한 상품에 가장 적합한 샘플을 생산하는 업체들의 조합으로 완제품을 생산하는 체계입니다. 당사는 자체 생산설비 없이 외주 가공 형태로 제품을 생산하고 있으며 당사 제품에 대한 외주가공 공정은 다음과 같습니다.

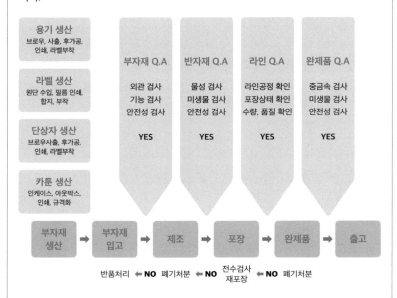

당사는 설립 초기부터 획기적인 제품 기획력과 브랜드/디자인 정체성 정립에 역량을 집중하고, 제품 생산을 OEM 방식을 통해 신속하게 시장 수요에 대응하는 전략을 채택하고 있습니다. 당사의 **주요 OEM 파트너사는 코스맥스(주), (주)클라젠 등 입니다.**

▲ 마녀공장 사업보고서 사업의 내용 > 3. 원재료 및 생산설비 > 파트너사

- 원재료 가격이 어떻게 변동하고 있는가?
- 원재료 조달처가 안정적인가? 다변화 중인가?
- 환율 변동이 원가에 미치는 영향은 어떤가?
- 기업이 자체 생산을 하는가? OEM/ODM을 활용하는가?
- 향후 생산설비 투자 계획이 있는가?

이런 질문들을 고려하며 원재료 및 생산설비 항목을 보다 전략적으로 해석할 수 있다.

## [02] OEM 생산은 어떻게 해석할까?

옷을 만드는 디자이너가 있다고 가정해보자. 이 디자이너는 뛰어난 감각과 창의력으로 트렌디한 디자인을 구상하지만, 직접 원단을 사서 공장을 운영하며 옷을 생산하지는 않는다. 대신 의류 전문 공장에 디자인을 맡기고 제작된 옷을 자신의 브랜드로 판매한다. 이처럼 OEM<sup>Original Equipment Manufacturing</sup>은 기업이 자체 생산시설을 운영하지 않고 외부 생산업체를 활용해 제품을 생산하는 방식이다.

OEM 방식의 가장 큰 장점은 생산비 절감과 유연성이다. 직접 공장을 운영하면 설비투자, 인건비, 유지보수 등 고정비 부담이 크지만 OEM을 활용하면 초기 비용 없이도 제품을 출시할 수 있다. 특히 빠르게 성장하는 브랜드나 다양한 제품을 시도해야 하는 산업에서 유리하다.

예를 들어, 화장품이나 건강기능식품 시장에서는 유행에 맞춰 빠르게 신제품을 내놓는 것이 중요한데 OEM을 활용하면 생산 공정을 유연하게 조정할 수 있다. 반면, 단점도 있다. 생산을 외부에 맡기다 보면 품질 관리에 한계가 생긴다. 만약 OEM 업체에서 원재료를 바꾸거나 생산과정에서 문제가 생기면 브랜드 신뢰도에 직접적인 타격을 입을 수 있다. 또한, OEM 업체에 대한 의존도가 높아질수록 원가 협상력이 낮아지고, 장기적으로 자체 생산 역량이 부족해질 위험도 있다.

그렇다면 투자자는 OEM 기업을 어떻게 분석해야 할까? 첫째, 특정 OEM 업체에 과도하게 의존하고 있지는 않은지 확인해야 한다. 여러 생산업체와 협력하는 기업은 리스크가 분산되지만 한 곳에만 의존하면 공급망 문제가 발생할 가능성이 크다. 다양한 OEM 파트너를 확보하고 있는 기업이라면 리스크를 분산할 수 있어 안정성이 높다.

둘째, 브랜드 경쟁력이 있는지 살펴봐야 한다. 자체 공장이 없어도 소비자 충성도가 높다면 안정적인 성장 가능성이 크다. 예를 들어, 나이키는 자체 공장이 없지만 강한 브랜드 파워로 글로벌 시장을 지배하고 있다. 반면, 브랜드 가치가 낮은 기업이라면 OEM 전략이 오히려 약점이 될 수 있다. 마지막으로, 영업이익률이 꾸준히 유지되는지 확인해야 한다. 매출은 증가하지만 이익률이 낮다면 OEM 비용 부담이 크다는 의미일 수 있다. 추가적으로 향후 자체 생산 설비를 구축할 계획이 있는지, 아니면 OEM 모델을 유지하면서도 안정적인 협력 구조를 구축했는지 확인해볼 수도 있다. OEM 협력 업체와 얼마 기간동안 거래를 해왔는지 사업보고서에 있다면 확인해보자. 기간이 길수록 해당 업체와 신뢰관계를 유지하며 노하우를 쌓아왔다고 볼 수 있다. 물론 이는 생산기술 난이도나 설비비용 같은 진입장벽이 얼마나 높은지에 따라 바뀔 수는 있다. 결국 투자자는 OEM을 활용하는 기업이 투자 대상이 될지 판단하려면 장점을 극대화하고 단점을 최소화할 수 있는 구조인지 살펴봐야 한다. 브랜드 파워가 강하고 OEM 파트너를 다변화하여 리스크를 관리하는 기업이라면 긍정적인 투자 대상이 될 수 있다.

OEM을 활용하는 브랜드 기업뿐 아니라, OEM 전문 기업 자체도 투자 대상이 될 수 있다. 예를 들어, 마녀공장은 직접 화장품을 생산하지 않고 OEM 업체인 코스맥스와 협력해 제품을 만든다. 시장에는 마녀공장처럼 브랜드를 운영하는 기업뿐만 아니라 코스맥스처럼 OEM을 전문으로 하는 기업도 상장되어 있다.

이러한 OEM 기업은 일반 소비자에게는 잘 알려져 있지 않지만 업력이 길고 기술력이 뛰어나다면 강력한 경쟁력을 갖춘 기업일 가능성이 높다. 특히 다양한 고객사를 확보하고 있다면 특정 브랜드 기업에 대한 의존도를 낮추고 안정적인 매출을 유지할 수 있다. 마녀공장의 OEM 협력사인 코스맥스는 네이버증권 기업개요에 따르

| 코스맥스 192820 [코스피] 📋 2025.03.24 기준 (KRX 장마감) [실시간] [기업개요 ▾] | | | 넥스트레이드(NXT) ? |

**코스맥스** 192820 [코스피] 📋 2025.03.24 기준 (KRX 장마감) [실시간] [기업개요 ▾]   넥스트레이드(NXT) ?

| **KRX** | NXT |  |  |  |
|---|---|---|---|---|
| **182,500** | | 전일 **180,500** | 고가 **186,200** (상한가 234,500) | 거래량 **53,074** |
| 전일대비 ▲**2,000** \| **+1.11%** | | 시가 **180,600** | 저가 **180,600** (하한가 126,400) | 거래대금 **9,734 백만** |

선차트 1일 1주일 3개월 1년 3년 5년 10년      봉차트 일봉 주봉 월봉

한국거래소(KRX)

최고 208,000 (06/14)

최저 42,200 (10/14)

229,072
195,163
161,254
127,346
93,437
59,529
25,620

ꜛ거래량

2022/03    2023/01    2024/01    2025/01

▲ 마녀공장의 OEM 협력사 '코스맥스' 주가

면 한국을 대표하는 화장품 ODM 전문 기업으로, 한국뿐 아니라 전세계에서 가장 큰 화장품 ODM 기업이다. 코스맥스는 일반 소비자들에게 직접 노출되지 않지만 업계에서는 주요 브랜드의 핵심 파트너로 자리 잡고 있다. OEM·ODM 산업의 특성상 고객사의 다변화, 생산기술 경쟁력, 글로벌 시장 확대 등이 기업의 성장에 중요한 요소로 작용한다. 이처럼 OEM 기업에 투자할 때는 브랜드 기업을 분석할 때와는 다른 기준이 필요하다. 마녀공장처럼 소비자와 직접 연결되는 기업은 브랜딩이 중요하지만 OEM 업체는 기업간의 거래이기 때문에 다른 관점의 전략이 필요하다. 사업보고서를 통해 다음과 같은 핵심 요소를 확인해야 한다.

## ● 생산 기술의 진입장벽

OEM 기업의 생산 기술이 쉽게 모방될 수 없는지, 독자적인 기술력을 갖추고 있는지 살펴봐야 한다. 예를 들어, 코스맥스는 피부 흡수율을 높이는 독자적인 제형 기술을 보유하고 있어 경쟁사 대비 우위를 점하고 있다.

## ● 고객사 다변화 여부

특정 기업에만 의존하는 OEM 업체는 리스크가 크다. 다양한 브랜드와 거래하는 기업이라면 시장 변화에도 유연하게 대응할 수 있다. 사업보고서의 매출처 구성을 확인하면 OEM 기업이 얼마나 다각화된 고객사를 확보하고 있는지 파악할 수 있다.

## ● 생산설비 투자 계획

OEM 기업은 공장을 직접 운영하기 때문에 생산능력을 확장하기 위해 지속적인 설비 투자가 필요하다. 만약 신규 생산라인 증설 계획이 있다면, 향후 매출 성장이 기대될 수 있다.

OEM 기업을 찾는 방법 중 하나는 브랜드 기업의 사업보고서를 활용하는 것이다. 마녀공장의 사업보고서를 통해 주요 협력업체로 코스맥스를 알 수 있었듯이 관심 있는 브랜드 기업의 사업보고서를 분석하면 어떤 OEM 업체와 협력하고 있는지 확인할 수 있고, 이를 통해 새로운 투자 기회를 발굴할 수 있다. OEM을 활용하는 브랜드 기업뿐만 아니라 OEM 전문 기업도 투자 대상이 될 수 있다.

# 사업보고서
# '재무에 관한 사항'

## ⌈01⌉ 기업이 말하는 숫자는 어떠한가?

사업보고서에서 기업이 어떤 사업을 하는지 먼저 확인했다면 다음
은 그 사업으로 돈을 잘 벌고 관리하고 있는지 확인할 차례다. 재무
제표는 기업의 재정 상태를 알려주는 중요한 자료로, 기업의 건강
상태나 기업이 어떤 방식으로 돈을 벌고, 어디에 돈을 쓰며, 앞으로
얼마나 성장할 가능성이 있는지가 고스란히 담겨 있다. 우리가 건
강검진을 받을 때 키, 몸무게, 혈압, 혈당 같은 숫자만 보는 게 아니
다. 의사는 그 숫자들을 종합해서 "운동을 더 해야 합니다", "당이 높
으니 식습관을 바꾸세요"같은 해석을 해준다.

기업도 마찬가지다. 숫자를 따로 떼어 놓고 보면 단순한 데이터일 뿐이지만 그 속에 숨어 있는 이야기를 읽으면 기업의 상태를 한눈에 파악할 수 있다.

예를 들어보자. A라는 회사가 영업이익이 높고 순이익도 꾸준히 증가하고 있다고 가정해보자. 얼핏 보면 탄탄한 회사처럼 보일 수 있다. 하지만 영업활동현금흐름이 마이너스라면 돈을 벌긴 하는데 현금이 제대로 들어오지 않는다는 뜻이다. 고객사에 물건을 외상으로 팔았거나 매출이 장부상으로만 잡히고 실제 현금 흐름이 막혀 있을 가능성이 크다. 반대로 영업이익은 낮아도 현금흐름이 꾸준히 플러스라면 이 회사는 자금 운영을 효율적으로 하고 있고, 실제로 손에 쥘 수 있는 돈이 많다는 의미가 된다.

또 다른 예를 보자. B라는 회사는 매출이 매년 증가하는 성장 기업이다. 그런데 부채비율이 높고, 이자보상배율이 낮다면 성장은 하고 있지만 빚을 많이 내서 성장하고 있다는 뜻이다. 저금리 시기에는 괜찮을 수도 있지만 금리가 오르면 대출 이자 부담이 커지면서 위기가 찾아올 수 있다. 이런 기업을 투자할 때는 부채 관리가 얼마나 잘 되고 있는지 함께 살펴봐야 한다.

이처럼 중요한 것은 숫자 자체가 아니라 그 숫자가 의미하는 바를 읽어내는 능력이다. 재무제표를 단순히 '이익이 많다, 적다'로 해석하면 피상적인 정보밖에 얻을 수 없다. 하지만 숫자와 숫자 사이의 연결 고리를 찾아가다 보면 기업의 진짜 모습이 보인다. 재무제표를 읽는 것은 숫자를 외우는 것이 아니라 기업이 어떻게 운영되는지를 이해하는 과정이다.

## 02 연결재무제표와 재무제표 주석

사업보고서 좌측의 목차 '재무에 관한 사항'을 보면 1. 요약재무정보 2. 연결재무제표 3. 연결재무제표주석 4. 재무제표 5. 재무제표주석 그리고 6. 배당에 관한 사항 순으로 개요되어 있다.

　요약재무정보는 말 그대로 재무정보를 한눈에 볼 수 있게 요약한 표로 나타낸 것이다. 연결재무제표는 무엇인가? 기업이 단독으로 운영되는 경우는 드물다. 대부분의 기업은 여러 자회사나 관계사를 거느리고 있으며, 이들의 재무 상태를 종합적으로 파악해야 기업의 실제 경영 성과를 이해할 수 있다. 이를 위해 작성되는 것이 연결재무제표다. 연결재무제표는 모회사와 그 자회사의 재무제표를 합쳐서 작성한 것으로, 기업이 실질적으로 지배하고 있는 전체 사업의 재무 상태를 한눈에 보여준다.

　예를 들어, A라는 기업이 B라는 자회사의 지분을 50% 이상 보유하고 있다면 B의 매출과 비용, 자산과 부채 등을 A의 재무제표에 포함해야 한다. 이렇게 하면 개별 재무제표보다 더 정확한 기업의 재무 상태를 파악할 수 있다.

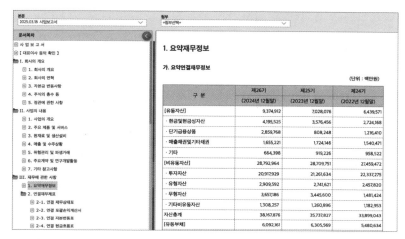

▲ 요약재무정보

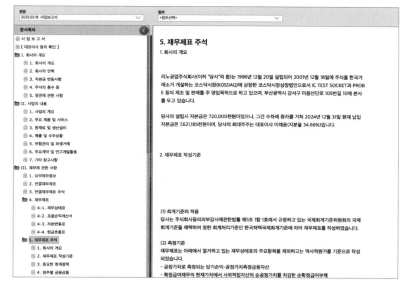

▲ 재무제표 주석

PART 4. 숨은 기회를 찾는 정보 탐험의 기술

자회사를 제외한 본 회사만의 재무정보를 확인하고 싶다면 '4. 재무제표' 목차부터 확인해도 관계없다. 재무제표 주석은 그 숫자가 어떻게 계산되었는지, 어떤 중요한 사항이 포함되어 있는지 설명을 보완해둔 자료다. 재무제표 주석에서 투자자는 기업마다 다른 회계를 처리하는 방식과 어떤 기준을 적용했는지 알 수 있다. 투자의 핵심은 단순한 숫자가 아니라 숫자가 말하는 이야기를 읽는 것이다. 그러니 재무제표를 볼 때 주석도 함께 읽는 습관을 들이면 기업의 현재 상황을 이해하는데 도움이 된다. 그럼 이제 사업보고서의 재무제표 각 항목을 읽어보자.

사업보고서의 재무제표는 다음과 같이 구성되어 있다.

1. **연결재무제표** : 앞서 설명한 대로 기업과 자회사의 재무 상황을 종합적으로 보여주는 자료다. 개별재무제표와 연결재무제표의 차이를 비교하면서 기업의 실제 규모를 파악할 수 있다.

2. **손익계산서** : 기업이 한 해 동안 얼마를 벌고, 얼마를 썼는지 나타낸다. 매출, 영업이익, 당기순이익 등의 지표를 통해 수익성과 비용 구조를 분석할 수 있다.

3. **현금흐름표** : 기업이 실제로 벌어들인 현금이 어떻게 유입되고 유출되는지를 보여준다. 장부상 이익과 실제 현금 흐름이 다를 수 있기 때문에 투자자가 반드시 확인해야 한다.

4. **부채비율 및 이자보상배율** : 부채비율이 높으면 재무적으로

불안정할 가능성이 크다. 이자보상배율(영업이익÷이자비용)은 기업이 빚을 감당할 수 있는지를 나타내는 중요한 지표다.

5. **주석 및 추가정보** : 숫자로 드러나지 않는 중요한 경영 사항을 설명하는 부분이다. 예를 들어 특정계열사와의 거래, 신규 투자계획, 리스크요인 등이 포함된다.

## [03] 자산, 부채, 자본의 개념

재무제표의 기본 구조를 이해하려면 자산, 부채, 자본이라는 세 가지 개념을 먼저 알아야 한다.

- **자산(Assets)** : 기업이 소유하고 있는 모든 경제적 가치다. 현금, 건물, 기계, 재고, 투자 자산 등이 포함된다. 쉽게 말해, 기업이 가지고 있는 '재산'이다.
- **부채(Liabilities)** : 기업이 갚아야 할 돈이다. 은행에서 빌린 대출금, 외상으로 받은 물품 비용 등이 포함된다.
- **자본(Equity)** : 기업의 자산에서 부채를 뺀 나머지다. 주주가 투자한 돈과 기업이 벌어들인 이익이 포함된다.

이 관계는 다음과 같은 공식으로 표현할 수 있다.

자산 = 부채 + 자본자산

즉, 기업이 보유한 자산은 결국 남의 돈(부채)과 자기 돈(자본)으로 나뉜다. 자산은 기업이 보유하고 있는 모든 자원의 총합인 자산은 크게 두 가지로 나뉜다.

- **유동자산** : 현금, 매출채권(고객이 미지급한 금액), 재고자산 등 1년 이내에 현금화할 수 있는 자산.
- **비유동자산** : 건물, 토지, 장기투자 등 1년 이상 사용되는 자산.

자본은 기업의 자산에서 부채를 제외한 순자산이다. 기업이 보유한 자산을 모두 팔고 부채를 갚고 남은 금액이 자본이다. 투자에 어떻게 활용할까? 자본이 많다는 것은 기업이 상대적으로 안정적인 재정을 가지고 있다는 의미다. 자본이 튼튼하면 기업이 외부 충격이나 어려운 상황에서 벗어날 수 있는 능력이 높다. 자본이 적다면 외부 자금을 더 많이 빌려야 하므로 재정적으로 위험할 수 있다.

## 04 손익계산서 : 기업이 돈을 벌고 있는지 확인하는 가장 기본적인 자료

손익계산서는 기업이 한 해 동안 얼마를 벌고, 얼마를 썼는지를 보여준다. 쉽게 말해, 장부상으로 기업의 수익성과 비용 구조를 확인할 수 있는 곳이다.

## ● 매출만 보지 말고 영업이익과 순이익까지 살펴보자

손익계산서를 보면 가장 먼저 보이는 것이 매출이다. 하지만 매출이 많다고 무조건 좋은 것이 아니다. 중요한 것은 매출 대비 실제 이익이 얼마나 남느냐다.

- **매출액** : 기업이 한 해 동안 벌어들인 총수익.
- **영업이익** : 매출에서 원가와 운영비(직원 급여, 임대료, 마케팅 비용 등)를 빼고 남은 돈.
- **순이익** : 영업이익에서 세금과 이자비용 등을 제외한 최종 이익.

예를 들어, 어떤 기업이 매출이 1조 원인데 영업이익이 100억 원이라면 이는 매출 대비 이익률이 매우 낮다는 뜻이다. 반면 매출이 5천억 원인데 영업이익이 1천억 원이라면 이 기업은 비용을 효과적으로 관리하며 수익성을 유지하고 있다는 의미다.

## ● 투자자가 체크해야 할 지표 : 영업이익률과 순이익률

- 영업이익률(영업이익 ÷ 매출 × 100%)

  이 수치가 높을수록 기업의 수익성이 좋다는 뜻이다.

- 순이익률(순이익 ÷ 매출 × 100%)

  순이익률이 너무 낮다면 세금이나 이자비용 부담이 크다는
  의미다.

● **투자자가 할 수 있는 실전 체크법**

1. 영업이익률이 5% 미만이라면 비용 관리가 어려운 기업일 가
   능성이 크다.
2. 순이익률이 마이너스라면 기업이 실질적으로 돈을 벌지 못하
   고 있다는 신호다.

## [05] 현금흐름표 : 장부상의 이익이 아닌 실제 현금이 어떻게 움직이는지 살펴보자

현금흐름표는 단순한 수익이 아니라 기업이 실제로 현금을 얼마나
벌어들이고 있는지 보여준다. 장부상으로는 이익이 나도, 현금이
부족한 기업은 언제든 어려움을 겪을 수 있다.

● **현금흐름표의 세 가지 핵심 요소**

1. **영업활동현금 흐름**
   - 기업의 본업에서 발생한 현금 흐름.
   - 영업활동현금흐름이 꾸준히 플러스여야 기업이 본업에서

실제 돈을 벌고 있다는 의미이다.

## 2. 투자활동현금 흐름

- 신규 투자(공장 증설, 신사업 투자 등)에 쓰인 돈.
- 단기적으로 마이너스가 나올 수 있지만, 과도하게 크다면 자금 부담이 생길 수 있다.

## 3. 재무활동현금 흐름

- 부채 상환, 배당금 지급 등 재무 관련 자금 흐름.
- 지속적으로 마이너스라면 기업이 빚을 갚는 데 급급할 수도 있다.

● **투자자가 할 수 있는 실전 체크법**

1. 영업활동현금흐름이 꾸준히 플러스인지 확인한다.
2. 영업이익과 영업활동현금흐름을 비교해보자.
   - 영업이익은 크지만 현금흐름이 마이너스라면?
   이는 회계상 이익이 과장되었거나 실제 현금이 들어오지 않는다는 의미다.

# 총집합,
# 사업보고서 추천 키워드

사업보고서를 정독하지 않을 때는 정보를 빠르게 찾는 방법만 익혀도 핵심 내용을 효율적으로 파악할 수 있다. 이를 돕기 위해 사업보고서에는 검색 기능이 있다. 특정 키워드를 검색하면 필요한 정보를 효과적으로 확인하고 사업보고서를 읽는 시간을 단축할 수 있다. 그리고 자주 사용하는 지표를 검색해서 중요한 내용을 놓치지 않도록 돕는다.

　사업보고서를 읽을 때 유용한 키워드를 정리해 두면 보다 실용적인 분석이 가능하다. 여기에서는 사업보고서에서 주로 검색하는 단어, 경쟁기업끼리 비교하는 키워드 등을 정리했다. 특정 키워드를 기재하긴 하였지만 기업마다 보고서에서 사용하는 용어에는 조금씩 차이가 있으므로 설명된 용어를 중심으로 다양하게 바꾸어서 검색에 활용하길 바란다. 또한 기업의 사업 특성에 따라 모든 기업이 본 내용을 보고하지는 않을 수 있다.

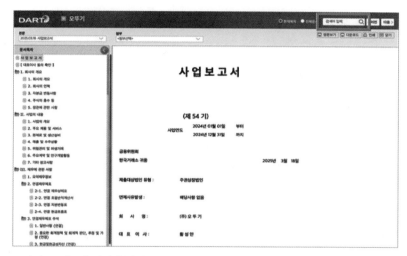

▲ 사업보고서 우측 상단의 '검색바'에서 전체문서 혹은 현재 목차를 선택 후 원하는 키워드를 검색하여 활용한다.

## 01 매출비중(매출비율)

매출비중은 기업의 총매출에서 특정 사업 부문이나 제품, 서비스가 차지하는 비율을 의미한다. 매출비중을 비교하여 기업의 주요 매출원을 파악하고 사업 구조와 수익성 분석에 중요한 지표로 활용할 수 있다.

A식품 회사의 라면 부분 매출이 전체 매출의 60%를 차지한다면

라면 사업이 핵심 매출원이라는 뜻이다. 라면의 판매량이 곧 이 A 회사의 실적과 직결된다. 투자자인 우리가 매출비중을 보는 이유는 핵심 매출원이 무엇인지 파악하기 위함도 있지만 매출원의 변화를 통해 사업의 흐름을 해석을 하기 위해서다. 매출 비중이 빠르게 증가하는 사업 부분은 성장 가능성이 높은 분야로 해석한다. 라면의 매출비중이 30%에서 매해 갈수록 35%, 40%로 성장하고 있다면 1차적으로 라면사업이 잘 되고 있다고 본다. 만약 계속해서 관심을 가질 기업이라면 이 기업의 라면에 관한 이슈나 판매 분위기를 지켜보며 사업동향을 짐작할 수 있다. 반대로, 매출비중이 점차 줄어드는 사업은 경쟁이 치열하거나 시장이 축소되고 있을 가능성이 있다. 핵심 사업의 성장 유무는 기업 전체 실적에 큰 영향을 미친다. 다르게 말하면, 핵심 사업의 바탕이 되는 특정 산업이 성장하고 있다면 해당 산업의 매출비중이 높은 기업이 직접적인 수혜를 받을 가능성이 올라간다.

예를 들어 친환경 에너지 산업의 성장이 예견될 때 태양광, 배터리 관련 기업들의 해당사업 매출비중이 증가하는 기업은 수익성이 개선될 가능성이 높다.

주의해야 할 점은 매출비중의 증가가 무조건 사업의 성장을 의미하지는 않는다. 매출비율이 증가하더라도 절대적인 매출액 자체가 감소 중일 수도 있기 때문에 매출비중을 유의미하게 해석하려면 매출금액의 변화를 함께 보아야 한다. 매출비중을 해석할 때는 다음과 같은 질문을 던져보자.

- 매출비중이 높은 사업이 성장 산업에 속하는가?
  매출원이 한 곳에 집중되어 있는가, 비등하게 분포되어 있는가?
- 또한 이는 안정적으로 보이는가? 아니면 리스크로 보이는가?
  최근 몇 년간 매출비중 변화를 보면 성장성이 있는가?
- 매출비중과 매출액이 나란히 성장하고 있는가?
  경쟁사 대비 어떤 사업 분야에서 강점을 가지고 있는가?

● 매출비중이 크면 주가와 관련이 있을까?

매출비중이 높은 사업부분이 해당 기업의 핵심 매출원이라고 우리는 파악했다. 그렇다면 매출비중이 높은 사업부분이 주가와 직결되냐고 묻는다면 이건 또 다른 문제다. 비중이 큰 사업이 무조건 주가와 관련되는 것은 아니다.

2021년에 필자가 투자했던 '휴켐스' 기업을 예로 들어보겠다. 휴켐스는 정밀화학제품을 제조하고 판매하는 회사이다. 반도체의 마지막 세척공정에 필요한 화학가스 '질산'을 판매한다고 이해하면 된다. 반도체 관련 기업을 찾다가 알게 된 휴켐스를 분석하며 재미있었던 점은 화학제품의 매출비율이 약 70%에 육박하는 회사인데도 반도체보다 '탄소배출권' 관련주로 더 알려져 있다는 거였다.

휴켐스의 탄소배출권 매출비중은 약 3%로, 주력 사업이라고는 보기 어려웠다. 게다가 당시 사업보고서 전기인 2020년의 탄소배출권 매출비중 10%에 비하면 2021년에는 3%로 오히려 축소되어 있었다. 비율의 변화만 놓고 보면 판매가 저조해졌다고 통상적으로 해석한다. 하지만 기사와 자료 검색을 좀 더 해보니, 시장상황에 의해 판매를 못한 게 아니라 회사의 전략적인 결정이라는 점을 유추할 수 있었다. 그때는 국제적으로 친환경에 관심이 높아지면서 탄소배출권의 중요성이 함께 부각되는 상황이었다. 휴켐스는 하반기의 탄소배출권 가격이 상승할것을 예상해 상반기에는 판매를 전략적으로 축소한 것이었다.

필자는 하반기에 오른 가격으로 판매가 이루어지면 3, 4분기 실적이 상승할 것이고, 만약 탄소배출권이 시장의 이슈가 된다면 휴켐스의 주가가 상승할 가능성이 있다고 보았다. 소액으로 매수를 진행했고, 2021년 7월 매수 당시 23,000원 안팎이었던 주가는 반기보고서가 발표된 이후인 8월에 최고 30,200원까지 단기간동안 약 25% 상승했다. 사실 상승한 이유는 탄소배출권이 아닌 다른 이유였다. 휴켐스 고객사와 관련된 시장의 우려가 해소된 것을 주가상승의 원인으로 추정한다.

시간이 흘러 현재는 다시 주가가 과거와 비슷하게 돌아온 상태다. 주가가 움직이는 동안 일찍 혹은 늦게 매도를 하는 바람에 5%

정도의 적은 수익이었지만 사업보고서에서 출발해 기업에 질문을 던지고 나의 투자 관점에서 주가의 등락을 함께 했던 경험이었다.

이 경험을 통해 배운 첫 번째는 매출비중의 규모가 주가에 미치는 영향은 정비례하지 않는다는 점이다. 매출비중이 높은 사업은 기업의 핵심 매출원이지만 실제로 시장에서 주목하는 사업분야나 주가에 미치는 매출원은 다를 수 있다. 마치 삼성전자의 대표 제품인 스마트폰의 판매량과 주가가 비례하지 않듯이 말이다. 두 번째로 배운 점은 매출비율의 변화를 살피고 그 이유까지 질문을 던져보자는 것이다. 표면적인 숫자 읽기에 그치지 않고, 호기심이 생기는 점을 파고들었을 때 기업의 사업판단에 관한 이해가 넓어진다. 지금 당장은 투자의 성패에 영향이 가지 않더라도 질문하는 연습이 쌓이면 숨어있는 기회를 발견하는 계기가 만들어질 수 있다.

| 사업<br>부문 | 매출<br>유형 | 구체적용도 | 제20기 반기<br>(2021.06.30) | | 제19기 반기<br>(2020) | |
|---|---|---|---|---|---|---|
| | | | 매출액 | 비율 | 매출액 | 비율 |
| 제조<br>업 | NT<br>계열 | DNT, MNB 등<br>판매 | 270,368 | 69.38% | 354,857 | 59.79% |
| | NA<br>계열 | 질산, 초안 등<br>판매 | 106,144 | 27.24% | 179,235 | 30.20% |
| | 기타 | 탄소배출권,<br>암모니아 등 판매 | 13,153 | 3.38% | 59,419 | 10.01% |
| 매출총계 | | | 389,665 | 100.00% | 593,511 | 100.00% |

▲ 2021년 투자 당시 <휴켐스>의 매출비율

가동률은 기업이 보유한 생산설비가 얼마나 효율적으로 운영되고 있는지를 나타내는 중요한 지표다. 생산설비가 일정기간 동안 실제로 가동된 시간을 설비의 총 가동 시간으로 나누어 계산한다. 보통 '가동률 = (실제생산량 / 최대생산능력) × 100'으로 산출된다. 연간 100만 개의 제품을 생산할 수 있는 공장이 실제로 80만 개를 생산했다면 공장 설비의 80%만 가동 중이라는 의미다.

### (3) 당기 공장별 가동률

(단위 : 시간, %)

| 사업소(사업부문) | 가동가능시간 | 실제가동시간 | 평균가동률* |
|---|---|---|---|
| 원주공장(면류) | 5,040 | 3,669 | 72.79 |
| 원주공장(스낵) | 2,520 | 1,440 | 57.15 |
| 익산공장(면류) | 5,040 | 4,823 | 95.70 |
| 원주공장(소스조미소재류) | 10,080 | 5,635 | 55.90 |
| 밀양공장(면류) | 5,040 | 4,175 | 82.83 |
| 합계 | 27,720 | 19,742 | 71.22 |

※ 실제 가동시간은 가동가능시간 × 평균가동률로 산출하였습니다.

▲ 식품회사 <삼양식품>의 '가동률' 검색 후 확인한 모습. 면류의 사업소가 가동률이 80% 안팎으로, 다른 사업소에 비해 높게 나타난다.

가동률이 높다는 것은 기업이 보유한 생산설비를 효율적으로 활용하고 있다는 것을 의미한다. 쉽게 말해 판매가 잘 되어 공장이 열심히 가동되고 있으며 이는 기업의 경쟁력이 강하다는 신호다. 가

### (1) 투자계획(현황)

1) 당사는 사업 경쟁력 강화를 위해 경영 환경 및 시장 변화에 맞추어 설비투자 계획을 수립하고 있으며, 공시서류작성일 기준 아래와 같이 유지보수 등 설비개선 및 설비 전환을 위한 투자를 진행중입니다.

| 사업<br>부분 | 투자대상<br>자산 | 투자<br>목적 | 투자<br>기간 | 총 투자<br>예정액<br>(백만 원) | 지출금액<br>(백만 원) | 비고 |
|---|---|---|---|---|---|---|
| 면스낵 | 기계장치<br>외 | 설비전환·<br>보완 | 2022.11~<br>2024.09 | 13,804 | 15,285 | 설비 등 입고<br>시기 및 진행<br>사항에 따라<br>변동 가능 |
| | 기계장치<br>외 | 설비<br>보완 | 2023.09~<br>2025.06 | 35,300 | 33,699 | |
| | 기계장치<br>외 | 설비<br>보완 | 2023.09~<br>2024.11 | 9,700 | 9,639 | |
| | 기계장치<br>외 | 설비<br>보완 | 2024.02~<br>2025.05 | 6,300 | 4,949 | |
| 합계 | | | | 65,104 | 63,572 | |

▲ 사업보고서에서 '투자계획' 또는 '설비투자'를 검색하면 설비투자 계획을 확인할 수 있다.

동률이 100%에 근접하면 기업이 신규 설비투자(증설)를 검토할 가능성이 높다. 반대로 가동률이 낮으면 생산설비가 제대로 활용되지 않고 있다는 뜻이다. 설비의 효율성이 떨어져 있거나 수요 감소로 인해 공장이 멈춰있는 상태일 수 있다. 이럴 경우 설비 유지에 들어가는 고정비에 비해 생산성이 떨어져 수익성이 감소하고 감가상각 부담이 증가할 수 있다. 이러한 저가동이 지속되면 기업이 경쟁에서 뒤처질 가능성이 존재한다. 가동률이 50% 이하로 너무 낮다면 해당 기업이 수요 부진을 겪고 있는지 확인하자.

- 가동률이 지속적으로 증가하고 있다면 해당 기업이 성장하는 신호.

- 경쟁사 대비 가동률이 낮다면 사업성 문제나 설비 효율성이 낮을 수 있음.

- 100%에 가까워지면 설비 증설 계획을 체크하고, 사업 확장을 예상할 것.

## ● 업종별 가동률 비교

일반적으로 업종에 따라 기대할 수 있는 가동률의 범위가 다르기 때문에 업종별 평균 가동률을 파악하고 기업의 가동률이 평균과 비교해 어떤지 평가해보자.

분석하고자 하는 기업과 경쟁기업간의 가동률을 비교하는 방법도 기업의 경쟁력을 파악하는 데 도움이 된다. 일반적으로 중공업 및 제조업에서의 가동률은 공장의 생산설비가 얼마나 효율적으로 사용되는지 나타내기 때문에 80~95%의 가동률을 목표로 한다. 그 중 자동차 제조사는 대량생산을 통해 규모의 경제를 실현하는 것이 효율적이므로 특히나 높은 가동률을 보인다.

2025년 기준으로 현대차와 기아차는 각각 102~103%의 가동률을 발표했다. 반도체 산업에서도 보통 높은 가동률을 목표로 하지만 설비 가동률이 너무 높으면 과부하가 발생할 수 있어 80~90%를 유지하는 편이다. 의류나 식품, 음료처럼 소비재 산업은 수요에 따라 가동률의 차이가 있으며 70~80%의 범위에서 나타난다. 특히 음료는 동절기보다 하절기에 판매가 잘 이루어져 분기별 차이가 달라지는 특징이 있다.

## 03 매출채권

매출채권은 기업이 상품이나 서비스를 판매하여 매출을 냈지만 고객으로부터 그에 대한 대금을 아직 현금으로 받지 못한 상태를 나타내는 항목이다. 즉, 기업이 고객사에 제품을 공급했지만 대금을 나중에 받기로 한 경우에 발생하는 채권이다. 한 기업이 제품을 공급하고 그 대금을 30일 후에 받기로 했다면 그 30일 동안은 매출채권으로 처리된다. 재무제표를 볼 때 유의할 점은 그 대금이 매출액에도 인식된다는 점이다. 만약 기업이 1,000만 원어치 매출을 내고 현금을 나중에 받기로 할 경우, 매출액에 1,000만 원은 정상적으로 집계되며 이와 별도로 매출채권에 1,000만 원이 올라간다. 추후에 대금을 회수 시 매출채권 1,000만 원은 사라지지만 새로운 거래가 성사된 것이 아니므로 매출액에는 변동이 없다.

매출채권은 사업적 특성에 따라 혹은 기업의 거래 운영방식에 따라 자연스럽게 발생한다. 유통업은 현금 거래가 많아 매출채권이 적은 편이나 건설업·조선업은 대규모 장기 계약이 많아 매출채권이 큰 편에 속한다. 이처럼 B2B(기업 간 거래) 기업은 외상 거래 비중이 높아 매출채권이 많을 수 있다. 외상금을 부정적으로 볼 필요는 없지만 매출채권이 급증하면 고객사가 돈을 제때 지급하지 않을 위험(부실채권 가능성)이 커질 수 있어 한 번쯤 확인하는 것이 좋다.

기업이 안고 있는 매출채권이 정상 범주인지, 위험성이 있는지 판단하는 방법으로는 매출채권 회전율을 본다. 매출채권 회전율은 연매출액을 평균 매출채권으로 나눈 값으로 물건을 팔고 돈을 받기까지 걸리는 시간을 숫자로 나타낸 것이다. 매출채권이 1년에 몇 번 회수되는지, 얼마나 효율적으로 회수되는지를 나타내는 지표다. 회전율이 높으면 기업이 대금을 효율적으로 수금한다는 뜻이고, 반대로 회전율이 낮으면 그만큼 오랫동안 자금이 묶여있으며 고객사의 부실 가능성이 있어 손실 위험이 커진다. 매출채권 회전율은 사업보고서에 필수로 나와 있는 항목이 아니라서 투자자가 직접 산출하거나 정보를 찾아야 한다. 회전율이 4라면, 1년에 4번 돈이 회수된다는 뜻(평균 3개월마다 회수)이다.

이것을 사업보고서에서 직접 계산하기가 어렵다면 앞에서 소개했던 네이버 증권에서도 확인이 가능하다.

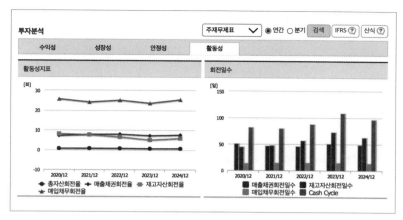

▲ 네이버 증권에서 확인한 <삼성전자>의 매출채권 회전율

    네이버증권 접속 > 기업명 검색 > 종목분석 > 투자지표 > 활동성 메뉴를 차례로 클릭하면 그래프로 확인할 수 있다. 매출채권 예시로 '삼성전자'를 참고해보자. 그래프에 마우스를 올리면 정확한 숫자로 확인할 수 있는데 삼성전자의 매출채권회전율은 약 7로, 51일마다 매출 대금을 회수하고 있다. 삼성전자는 매출채권 관리가 잘 되어있으며 수금 기간이 짧고 매출채권이 높은 편이다. 매출을 빠르게 현금으로 회수해 재투자의 확률이 올라간다.

    네이버증권의 투자분석 메뉴에서는 매출채권 회전율과 함께 재고자산 회전율, 회전일수도 볼 수 있다. 그럼 바로 이어서 재고자산이 무엇인지 알아보자.

# 04 재고자산

재고자산은 기업이 판매를 위해 보유하고 있는 상품, 원재료, 제품 등을 의미한다. 아직 팔리지 않은 상품이나 제조 중인 제품이 재고자산에 포함된다. 판매를 위해 쌓아두는 재고라도 팔리지 않은 재고가 너무 많으면 기업의 재무 건전성에 부정적인 신호다. 제품을 생산했는데 매출로 연결되지 않는다면 현금이 부족해져서 추가적인 투자나 운영에 어려움을 겪을 수 있다.

예를 들어 의류 브랜드가 겨울 코트를 많이 생산했는데 날씨가 따뜻해서 팔리지 않으면 기업은 돈이 묶인 채 새로운 제품을 만들 자금이 부족해질 수 있는 것이다. 이처럼 재고가 너무 많아져 제품이 팔리지 않으면 '악성 재고'가 발생할 위험이 커진다. 기업은 악성 재고를 처리하기 위해 할인 판매를 하거나, 손실로 처리(재고 평가손실)해야 한다. 재고를 유지하고 보관하는 데도 비용이 들기 때문에 유지비용이 더 커진다면 손실을 보더라도 악성재고를 처분해야만 하는 상황이 생긴다.

반대로 재고가 너무 적으면 제품이 잘 팔리고 있음을 의미할 수도 있지만 새로운 주문을 감당할 수 없으면 매출이 줄어들 위험이 있다. 특히 반도체, 자동차같은 제조업에서는 재고 부족이 오히려 매출 감소로 이어질 수 있다. 재고자산 역시 산업의 특성에 따라 해석을 달리해야 한다. 소비자에게 직접 판매하는 소매업, 유통업은 빠른 회전율이 중요하므로 재고가 쌓이지 않고 바로바로 매출이 나는 것이 좋다. 편의점이나 의류회사가 이에 해당한다. 반면 자동차나 조선업처럼 제품을 장기간 제작하는 산업은 다른 산업군에 비해 재고자산이 많을 수 있다. 재고자산도 매출채권과 마찬가지로 회전율을 통해 긍정/부정적 요소로 판단하는 방법이 있다.

**재고자산회전율 = 매출원가 / 평균재고자산**

회전율이 5라면, 1년에 5번 재고가 교체된다는 뜻이다. 오래된 재고는 할인 판매로 이어질 수 있어 마진이 감소한다. 재고 증가율이 매출 증가율보다 크다면 위험 신호가 된다. 기업이 재고를 빠르게 해소할 수 있는지 체크하자. 유통, 소매 산업의 경우 경기 변동에 따라 재고 관리를 잘하는 것도 기업의 강점이다.

## 05 현금자산

현금자산이란 말 그대로, 기업이 즉시 사용할 수 있는 자금이다. 실제 보유한 현금은 물론이고, 3개월 이내에 현금화할 수 있는 단기예금같은 자산도 포함된다. 기업이 가진 '비상금'이자 '투자 총알'이라고 할 수 있다. 현금자산이 많을 때의 장점은 명확하다. 현금자산이 많으면 설비투자, 신사업 진출, M&A(기업 인수합병) 등을 적극적으로 추진할 수 있다. 또한 경기 침체처럼 어려운 상황이나 시장 변동이 높을 때도 버틸 힘이 있다. 주주에게 배당을 늘리거나 자사주를 매입하는 방법으로 현금을 사용할 수도 있다. 이처럼 현금이 많은 기업은 위기 대응력과 성장 투자 여력을 동시에 갖춘다는 점에서 주가에 긍정적인 요소로 작용할 가능성이 높다.

반대로 현금이 적으면 운영이 어려워지고 급한 돈이 필요할 때 빚을 내야 할 수도 있다. 시장이 격변하는 상황에서는 적극적으로 성장에 투자하는 기업에 비해 뒤쳐질 위험이 존재한다. 만약 기업의 현금 보유량이 낮은데 부채가 많거나 단기 차입금이 크다면 유동성 위기를 겪을 가능성이 있다.

그렇다면 현금보유량이 많으면 무조건 좋을까? 현금이 아무리 많아져도 결국은 기업과 주주를 위해 효율적으로 사용되어야 의미가 있다. **현금은 '어떻게 쓰는가'가 더 중요하다.** 기업이 아무리 많은 현금을 쌓아두었더라도 주주를 위한 환원이나 성장 전략에 활용하지 않는다면 그저 쌓아둔 돈에 불과하다. 현금자산이 늘고 있다면 자금이 적절히 쓰이고 있는지도 함께 살펴봐야 한다.

### ● 현금자산을 주주에게 배당한 기업, 이크레더블

현금자산은 어떻게 주주에게 이익으로 작용할 수 있을까? 현금자산을 배당금에 활용한 '이크레더블'의 사례를 예시로 들어본다.

2021년 이크레더블은 전년도 700원에서 무려 2,720원으로 배당금을 인상했다. 이는 당시 주가 기준으로 약 13.8%의 배당수익률에 해당하며 국내에서 흔히 '고배당주'로 분류되는 기업의 평균 수익률(4~7%)을 훌쩍 뛰어넘는 수치였다. 이것이 가능했던 배경을 이해하려면 이크레더블의 기업정보를 먼저 이해해야 한다.

이크레더블은 신용평가사업 즉 기업의 경영상태와 재무, 실적 등을 평가해 신용등급을 부여하는 사업을 한다. 예를 들어 대기업이 협력업체를 선정할 때는 사업의 안정성을 위해 대상 기업의 신용정보가 필요하다. 이 과정에서 신용인증서를 요구하면 협력업체는 수수료를 이크레더블에 지급하고 신용을 평가받는다. 신용인증서는 유효기간이 있어서 기업은 매해 신용등급을 평가받아야 하고 이로써 신용평가사는 꾸준한 매출을 확보한다. 신용평가사업의 장점은 제조업처럼 사업을 위해 재투자, 개발비, 유형자산 비용이 거의 발생하지 않는다는 점이다.

그래서 영업이익률이 30~40%로 높고, 사업에서 벌어들인 수익으로 현금을 확보할 수 있다. 2021년 당시 이크레더블을 분석했을 때 10년간 역성장 없이 꾸준한 매출과 영업이익 성장을 일으키고 있었다. 그에 따라 이크레더블이 보유한 순현금이 점차 쌓이고 있었다. 또한 이크레더블의 주식 지분은 모회사 한국기업평가가 67.77%를 보유하고 있으며, 또 한국기업평가의 지분 73.55%를 외국계 신용평가사인 피치사Fitch Ratings가 보유하고 있었다. 즉, 이크레더블은 외국계 기업의 손자 기업인데다가 모회사의 지분율이 높아서, 배당성향이 높고 경영이 안정적이라고 짐작할 수 있었다. 네이버 재무제표를 확인해보니 실제로 이크레더블의 배당금은 매해 성장했고, 배당성향은 60% 안팎을 유지하고 있었다. 배당성향은 기업이 순이익 중 얼마를 주주에게 배당금으로 지급했는지를 보여주는 지표다. 주주입장에서 이익을 얼마나 돌려받았는가를 확인할 수 있는 핵심 수치다. 만약 올해도 이익의 성장이 예견된다면, 배당성향의 유지에 따라 배당금이 상승할 가능성이 충분했다. 결정적으로, 전년도인 2020년 모회사 한국기업평가가 무려 14% 수익률의 배당금을 깜짝 지급했었다.

이를 정리하면 이크레더블이 과거 13% 배당금을 지급하기 전의 징조는 다음과 같다.

1. 10년간의 매출 성장
2. 쌓여가는 현금자산
3. 꾸준한 배당금 상승과 배당성향 60% 내외 유지
4. 모회사의 14% 배당금 지급 이력

기업에 관심을 갖고 분석이 준비되어 있었다면 배당금 성장을 기대할 수 있었을 것이다. 13%를 배당한 이후 주가는 다시 하락하여 현재 14,000원대다. 2024년의 1,590원 배당이 유지된다면 현재 주가 기준으로도 여전히 높은 배당수익률을 제공하고 있는 셈이다.

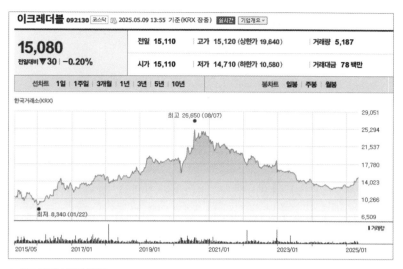

▲ 이크레더블 주가 변화

|  | 2020/12 | 2021/12 | 2022/12 | 2023/12 | 2024/12 |
|---|---|---|---|---|---|
| 현금배당금(원) | 700 | 2,720 | 1,040 | 780 | 1,590 |
| 현금배당수익률 | 2.98 | 13.81 | 6.48 | 5.61 | 12.29 |
| 현금배당성향(%) | 64.60 | 235.23 | 79.99 | 79.96 | 148.28 |

▲ 이크레더블의 최근 배당금 변화 추이. 네이버증권 재무제표 참고

　이처럼 현금이 꾸준히 쌓이고 있고, 배당 성향이 일정하며 사업 특성상 현금 창출력이 강한 기업은 장기 보유 시 주가가 아니어도 배당으로 수익을 기대할 수 있다. 현금이 많은 기업을 찾는 것도 중요하지만 더 중요한 건 그 현금을 어떻게 활용하느냐다. 기업이 벌어들인 이익을 주주에게 돌려주고 사업 성장을 위해 재투자하며 위기에도 흔들리지 않는 기반이 된다면 그 현금자산은 단순한 숫자를

넘어선 투자포인트가 된다.

## 06 경쟁사, 경쟁자, 경쟁력

사업보고서에서 경쟁사를 직접적으로 언급하는 경우는 많지 않지만, 관련 키워드와 내용은 있을 수 있다. 경쟁사, 경쟁자, 경쟁기업, 경쟁력 등과 같은 단어를 검색하면 해당 기업이 어떤 시장에 속해 있고 어떤 방식으로 경쟁하고 있는지를 유추할 수 있다.

예를 들어, "시장 내 경쟁 심화로 마케팅 비용이 증가했다"는 문장은 단순히 지출 항목을 설명하는 것처럼 보이지만 실상은 경쟁사와의 점유율 싸움이 본격화되었음을 뜻한다. 또 어떤 기업은 '제품 차별화를 통한 경쟁력 확보'라는 표현을 사용하는데 이는 시장 내 동일 제품군에서 경쟁사가 많다는 점을 우회적으로 드러내는 사례다. 경쟁사 자체를 이름으로 명시하지 않더라도 그 존재와 위상을 추정할 수 있는 문장들은 사업보고서 곳곳에 분포해 있다. '시장점유율', '수주 경쟁', '신규 진입자', '가격경쟁' 등의 표현은 업계 내 경쟁구도를 반영하는 단서로 활용할 수 있다.

투자를 위한 기업 분석에서는 경쟁 환경을 파악하는 것 자체가 핵심적인 리스크 분석이자 성장 가능성의 평가 기준이 된다. 명시된 수치만큼이나 암묵적으로 담긴 키워드와 표현을 해석하는 힘이 중요하다. 사업보고서는 단지 수치를 나열한 문서가 아닌, 기업이 경쟁 속에서 어떤 전략을 취하고 있는지를 보여주는 묵직한 해석 텍스트이기도 하다.

## [07] 시장점유율

어떤 기업이 연간 1천억 원의 매출을 올린다고 해보자. 단순히 보면 꽤 규모 있는 회사처럼 느껴질 수 있다. 그런데 그 시장에서 경쟁사들이 5천억 원, 1조 원씩 벌고 있다면 이 1천억 원은 생각보다 크지 않은 존재감일 수 있다. 기업이 시장 안에서 어느 자리에 있는지를 보여주는 지표, 바로 '시장점유율'을 확인해야 하는 이유다.

시장점유율은 기업이 전체 시장에서 차지하는 비율을 뜻한다. 업계 1위를 설명할 때 '시장점유율 35%'처럼 말하는 이유가 여기에 있다. 점유율이 높다면 그 기업이 안정적인 브랜드력, 유통망, 기술력 등을 갖추고 있을 가능성이 크다. 반대로 점유율이 낮은 기업이 점점 수치를 높여가고 있다면 경쟁자들을 밀어내며 자리를 잡아가고 있다는 뜻이기도 하다.

예를 들어 배터리 산업에서 LG에너지솔루션, 삼성SDI, SK온같은 기업들이 세계 시장점유율을 놓고 치열하게 경쟁 중이다. 같은 매출이어도 점유율이 상승 중이라면 그 기업은 글로벌 경쟁에서 유리한 방향으로 움직이고 있다고 해석할 수 있다.

중요한 것은 시장점유율과 함께 '시장 전체의 크기', 즉 시장의 파이 자체가 커지고 있는지도 함께 보는 것이다. 점유율이 높아져도 전체 시장이 줄어들고 있다면 매출은 늘지 않을 수 있다. 반대로 점유율이 그대로여도 시장 자체가 성장 중이라면 기업의 실적도 함께 좋아질 수 있다.

그래서 투자자는 사업보고서를 볼 때 "이 기업이 얼마나 팔았나?"보다 먼저 "이 시장 안에서 얼마나 차지하고 있지?", "그 시장 자체는 커지고 있나?"를 함께 확인해야 한다. 이런 정보는 보통 '사업의 내용' 항목이나 '시장 환경' 설명에서 찾을 수 있다. '시장점유율', '업계 1위', '시장 성장률'같은 키워드로 검색해보면 유용한 단서들을 찾을 수 있다. 시장점유율이 소수의 기업에 집중되어 있다면 독점 또는 과점 시장으로 가격 결정력이 높을 가능성이 크다. 반면에 여러 기업이 유사한 점유율을 보이면 경쟁이 치열한 시장으로 가격 경쟁이 심해 수익성이 낮을 수 있다.

시장점유율 안에는 기업의 위치, 경쟁력, 전략이 녹아 있다. 투자는 결국 변화를 읽는 일이다. 시장 안에서 기업의 '자리'가 어떻게 움직이고 있는지를 따라가 보자.

사업보고서를 보다 보면 '고객사'라는 단어가 눈에 띌 때가 있다. 대부분의 경우, 기업이 어떤 고객사에 제품이나 서비스를 납품하고 있는지를 간단히 언급하거나 특정 고객에게 매출이 집중되어 있다는 식으로 나온다. 투자자 입장에서 고객사는 꼭 깊게 분석해야 할 핵심 정보는 아닐 수 있지만 기업의 매출 구조를 이해하는 데 도움이 되는 **보조적인 단서** 역할을 해준다.

예를 들어, 상위 고객사 한두 곳에 매출이 몰려 있다면 그만큼 의존도가 높다는 뜻이고, 반대로 고객 구성이 다양하면 외부 변화에 대한 리스크가 조금 더 분산돼 있다고 볼 수 있다. 또 고객사 이름을 보면 기업의 사업 특성이 좀 더 구체적으로 그려질 수 있다. 예를 들어 어떤 회사의 고객사가 대부분 반도체 기업이라면, 그 회사는 반도체 산업과 밀접하게 연결돼 있을 가능성이 높다. 그러면 해당 산업의 흐름에 따라 실적이 영향을 받을 수도 있다는 점을 염두에 둘 수 있다.

화장품 브랜드인 마녀공장은 '코스맥스'와 같은 OEM 제조업체와 협력하고, 제품은 올리브영·무신사·큐텐같은 유통 채널을 통해 판매된다. 사업보고서에는 주요 고객사 대신 주요 판매처나 유통망이 언급되는 경우가 많은데, 이런 정보만으로도 "이 회사가 소비자에게 어떻게 도달하고 있는가"를 파악할 수 있다.

반면, B2B 중심의 기업인 씨아이에스는 삼성SDI나 LG에너지솔루션 같은 2차전지 기업이 주요 고객사로 등장한다. 이런 경우에는 고객사의 투자 계획이나 업황이 곧 이 기업의 실적에 영향을 줄 수 있다. 또한 그 기업의 매출 흐름을 통해 고객 산업의 동향을 역으로 유추할 수 있다. B2B 모델에서는 공급사 → 고객사 → 산업 흐름으로 이어지는 간접 신호 분석 도구가 될 수 있다. 특히 반도체 산업처럼 공급망이 긴 산업에서 이런 분석이 효과적이다.

반도체 장비회사인 '주성엔지니어링'의 사업보고서를 살펴보자. 고객사의 매출에 따라 해당 회사의 실적도 큰 폭으로 성장했다고 명시되어 있다. 분기 실적이 갑자기 크게 늘었다면 이는 곧 고객사인 삼성전자나 SK하이닉스가 생산라인 증설이나 첨단 공정 전환 등에 투자를 하고 있다는 신호일 수 있다. 실적뿐 아니라 고객사가 장비회사를 선정할 때 무엇을 중요시 하는지도 알 수 있다. 국산 장비냐의 여부보다 장비사의 생산성과 신뢰성 평가에 주안점을 두고 업체를 선정하는 것을 알 수 있다. 그로 인해 장비회사가 속한 산업군에서 업력과 기술 노하우가 산업의 진입장벽, 즉 '해자'로 작용한다는 점까지 파악할 수 있다. 이처럼 납품사(공급사)의 매출 흐름을 통해 고객사인 반도체 대기업의 전략 변화를 눈치챌 수 있는 것이다.

이처럼 고객사 정보는 기업의 매출 구조나 산업 연관성을 파악하는 데 가볍게 참고할 수 있는 힌트가 되어준다. 한 번쯤 짚고 넘어가면 그 기업의 위치와 리스크를 이해하는 데 도움이 된다. 고객사는 사업보고서의 '사업의 내용'이나 '매출 비중' 항목에서 확인할 수 있고, '고객사', '주요 거래처', '매출처', '매출 집중도'같은 키워드로 검색해보면 관련 내용을 쉽게 찾을 수 있다. 때로는 업계 특성이나 기업의 규정상 고객사를 공개하지 않을 수도 있다. 꼭 깊게 파고들지 않더라도 기업이 누구에게 제품을 팔고 있는지 한 번쯤 가볍게 짚고 넘어간다면 기업의 사업 구조를 좀 더 입체적으로 이해할 수 있다.

## 09 연구개발비(R&D)

연구개발비는 단순히 쓰는 돈이 아니다. 오늘의 수익을 조금 줄이더라도 내일을 키우기 위한 투자다. 빠르게 바뀌는 시장에서 경쟁력을 유지하려면 기술이 필요하고, 그 기술은 결국 꾸준한 연구개발에서 나온다. 아무리 브랜드가 좋고 경영진이 유능해도 기술 투자 없이 장기적으로 살아남기는 어렵다. 연구개발비는 이 회사가 얼마나 미래를 준비하고 있는지를 보여주는 신호다. 일반적으로 매출 대비 R&D 비율이 높은 기업일수록 기술 경쟁력 확보에 적극적인 기업이라 해석할 수 있다. 사업보고서에서 키워드를 검색해도 좋지만 '주요계약 및 연구개발활동'이라는 목차로 별도로 정리되어 있어서 보다 주의 깊게 확인이 가능하고 금액과 매출 대비 비율이 기재되어 있다.

하지만 모든 기업에서 연구개발비가 똑같이 중요한 건 아니다. 산업마다 중요도가 다르다.

반도체, 바이오, 전기차, AI, 소프트웨어 산업처럼 기술 주도 산업에서는 R&D가 생존과 직결된다. 이런 산업에서는 매출의 10~20%를 연구개발에 쓰는 것도 드물지 않다. 2024년 삼성전자는 매출의 11%를, SK하이닉스는 7.5%를 연구개발비로 사용했다. 여러 반도체 관련 중소기업 역시 5~10%를 연구개발에 할애하고 있기 때문에 기술 산업에서 앞서가려면 그만한 투자가 필요하다.

반면 유통, 일반 제조업, 식음료 산업처럼 기술 변화가 크지 않은 업종은 R&D의 비중이 작아도 괜찮다. 이런 기업은 오히려 브랜드력, 생산 효율성, 재고 관리가 더 중요할 수 있다. 2024년 삼양식품은 0.46%를, 농심은 0.9%를 연구개발비에 사용했다. 이처럼 산업별로 연구개발의 중요도 차이가 있으며, 기술산업에 속한 기업을 분석할 때는 동종업계의 기업들과 비교해 적극적인 개발 태도를 보이고 있는지 확인하자.

- 반도체, 제약, IT, 전기차 → 연구개발비 비중이 높음(10% 이상도 가능).
- 제조업, 유통업, 서비스업 → 연구개발비 비중이 낮음(1~3% 수준).
- 금융업, 부동산업 → 연구개발비가 거의 없음.

단, R&D 비중은 높은데, 성과가 보이지 않는 기업은 한 번 더 점검이 필요하다. 몇 년째 연구개발비는 늘어나는데 신제품 출시나 기술 관련 뉴스가 없다면 '성과 없는 투자'일 수 있다. 이익은 줄고, 투자만 늘어나는 경우는 반드시 왜 그런지를 따져봐야 한다. 연구개발비 목차의 연구개발성과 같은 부분을 통해 점검해보자.

## 10 인수합병(M&A)

뉴스에서 종종 이런 기사 제목을 본 적이 있을 것이다. "○○기업, △△기업 1조 원에 인수." 이런 문장을 보면 숫자에 시선이 쏠리기 쉽다. 하지만 투자자가 가장 먼저 확인해야 할 '1조 원'이라는 금액이 아니라, 그 회사가 왜 이 회사를 샀느냐다. 인수합병(M&A)은 기업이 어디로 가고 싶은지, 어떤 방향으로 성장하려는지 보여주는 선택이다. 단순한 '사건'이 아니라, 기업의 방향성과 성장 의지가 드러나는 중요한 순간이다. 그래서 투자자 입장에서는 숫자도 물론 중요하지만 그보다 '왜 이 회사를 선택했는지', '그 결과로 무엇이 바뀔지'를 먼저 생각해야 한다. 인수의 의도를 살피는 것이다.

M&A의 목적은 산업마다 다르게 나타난다. IT·플랫폼 기업(카카오, 네이버, 토스 등)은 경쟁력을 강화하고 시장 확장을 위해 스타트업이나 기술 기업을 자주 인수한다. 바이오·제약 기업(셀트리온, SK바이

오팜 등)은 신약 개발을 가속화하거나 기술력을 보완하기 위해 M&A를 활용한다. 반도체·전자 기업(삼성전자, SK하이닉스 등)은 원천 기술 확보나 공급망 안정화를 목적으로 한다. 유통·소비재 기업(CJ, 롯데, 신세계 등)은 브랜드 포트폴리오 확대와 해외 진출 전략으로 M&A를 택하며, 건설·에너지 기업(GS건설, 한화솔루션 등)은 신사업 진출 또는 대형 해외 프로젝트 확보를 위한 인수를 진행한다. 이처럼 M&A는 성장의 수단이지만 모든 기업에서 항상 중요한 전략은 아니다.

업종과 기업의 상황에 따라 중요도가 달라진다. 특히 기술 산업에 속한 기업의 M&A는 연구개발비 항목처럼 기술개발에 적극적인지를 판단하는 단서가 될 수 있다. 기업이 스스로 기술을 개발할 수도 있지만 뛰어난 기술을 가진 회사를 인수함으로써 경쟁력을 갖추는 경우도 많다. 기존에 갖고 있던 기술과 접목하여 시너지를 내거나 새로운 부분으로 사업을 확장할 수 있는 전략이다.

인수의 목적과 함께, 인수할 '돈은 어디서 났는가'도 중요하다. 자체 보유 현금으로 인수했다면 기업의 재무 건전성에 큰 부담이 없겠지만 대규모 차입이나 유상증자를 통해 인수 자금을 마련했다면 부채비율이 급등하거나 주가가 희석될 위험이 있다. '재무제표 주석'의 인수 대금, 거래 구조, 조달 방식 등을 검색하여 정리된 수치로 확인할 수 있다. 혹은 '리스크 요인'의 항목에서 인수 후 조직 통합, 비용 부담 등에 대한 우려가 언급되기도 한다.

의도를 읽어야 실체가 보인다. 인수합병은 그 자체로 성공도, 실패도 아니다. 그 기업이 왜 그 선택을 했는지, 그 결과가 어떤 변화를 만들지를 상상해볼 수 있다면 기업의 큰 그림을 읽을 수 있는 투자자에 가까워진다.

- 왜 인수했는가?
- 인수한 회사는 어떤 사업을 하고 있는가?
- 자금은 어디서 조달했는가?
- 기존 사업과 어떤 시너지가 가능한가?
- 인수 이후 기업의 체질은 어떻게 바뀔 것인가?

대한항공은 2020년 코로나19 위기 속에서 아시아나항공 인수를 결정했다. 단순한 외형 확장이 아닌 노선 조정과 조직 재편을 통한 경쟁력 강화를 위한 전략적 선택이었다. 인수 자금은 정책자금과 자체 조달로 마련되었으며 약 4년간의 승인 절차를 거쳐 2024년 말 인수가 최종 완료됐다.

하지만 주가는 기대만큼 반응하지 않았다. 인수 이후 대한항공 주가는 박스권에서 등락을 거듭했고, 시장은 시너지에 대한 기대와 통합 리스크를 동시에 반영했다.

한국M&A거래소에 따르면 국내 기업의 인수합병은 단기적으로 주가를 끌어올릴 수 있으나 그 영향은 점차 축소되는 추세다. 투자자는 인수의 배경과 전략, 재무 변화를 종합적으로 고려하고, 장기적인 성장 가능성을 중심으로 판단하는 시각이 필요하다.

## ⌈11⌉ 초보자라서 알 수 있는 기업의 영업력

어떤 기업의 사업보고서는 초보자도 쉽게 읽을 수 있게 되어 있다. 어떤 제품을 주력으로 판매하고 있는지, 어디에 주로 팔고 있는지, 매출이 어떻게 구성되어 있는지를 비교적 단순하고 명확하게 정리해 두었기 때문이다.

읽기 쉬운 사업보고서는 기업의 커뮤니케이션 능력을 보여준다. 복잡한 내용을 정리하고 핵심을 추려낼 수 있다는 건 내부적으로도 경영 전략이 잘 정돈되어 있다는 뜻일 수 있다. 투자자에게만이 아니라, 소비자나 거래처와도 효율적인 관계를 맺고 있을 가능성이 높다. 또한 초보자의 입장에서 '쉽게 읽힌다'는 그 기업의 사업이 단순하고 명확하다는 뜻이기도 하다. 단순한 사업 모델은 시장의 변화에도 유연하게 대응하기 쉽고, 투자자 입장에서는 핵심을 파악하기 용이하다.

즉, 읽히는 기업이 곧 이해하기 쉬운 기업이고, 이해하기 쉬운 기업이야말로 분석과 판단이 가능한 기업이다. 물론 모든 기업이 이런 구조를 갖고 있지는 않다. 기술이 복잡하거나 산업 구조가 어려운 경우에는 사업보고서를 읽는 데 시간이 걸릴 수 있다. 하지만 그런 경우에도 우선은 읽어보는 것이 중요하다. 궁금한 용어 하나를 검색해보며 따라가는 것만으로도 충분하다. 사업보고서는 일부 사람들만의 전유물이 아니다. 내가 투자할 수도 있는 회사를 이해하고 싶다는 마음에서 출발해보자.

# STEP 5.

## 정보의 바다에서 호기심 발휘하기

다섯번 째, 손품을 통해 기업분석에 다양한 관점을 더하는 단계다.
전문가의 시선, 다른 투자자의 시선을 레버리지한다.

# 리포트,
# 전문가의 시선을 레버리지

## [01] 개인투자자가 전문가의 관점을 빌리는 방법

주식을 공부하다 보면 누구나 한 번쯤은 '리서치'라는 단어를 마주친다. '○○증권, A기업 목표주가 12만 원 제시'같은 기사가 대표적이다. 우리는 이런 뉴스를 때로는 맹신하고, 때로는 "기업 광고 아닌가?"하는 의심으로 지나쳐버리고 만다.

하지만 필자는 리서치를 생각하면 감사한 마음마저 든다. 리포트를 잘 활용하면 기업과는 거리가 먼 개인투자자 입장에서 전문가의 시선을 빌릴 수 있기 때문이다. 투자 경험이 많지 않은 사람에게는 무엇을 보고 기업을 평가해야 할지 막막한 경우가 많다. 어떤 숫자를 봐야 할지, 성장성과 수익성을 어떻게 나눠서 볼지 감이 잡히지 않는다. 이럴 때 전문가들이 어떤 데이터를 중요하게 보는지, 어떤 구조로 기업을 분석하는지를 리포트에서 배울 수 있다. 시간과 노력이 절약된다.

애널리스트는 그 기업의 실적, 산업 흐름, 경쟁사와의 비교, 리스크 요인, 수급 구조, 경영진의 전략 등 다양한 데이터를 바탕으로 정리된 시각을 담아낸다. 우리가 매번 찾아보기 힘든 자료와 인터뷰, 공시 내용을 바탕으로 잘 정리된 기업분석이다. '이 기업을 어떻게 바라보면 좋을지'에 대한 안경 하나를 얻게 되는 셈이다.

물론 많은 리포트가 낙관적인 가정을 전제로 작성되기도 하고, 현실과는 괴리가 있는 숫자가 제시되기도 한다. 그래서 리포트는 참고 자료이지, 투자 확신의 근거가 되어선 안 된다. '맹신'이 아니라, 적절한 질문을 갖고 '관찰'의 태도로 읽으면 투자 실력이 빠르게 성장할 수 있다. 리포트 안에는 기업을 바라보는 프레임, 산업을 해석하는 틀 그리고 투자 판단을 위한 핵심 질문들이 담겨 있다.

"왜 이 회사가 지금 주목할 만한가?", "이익은 늘었는데, 밸류에이션은 왜 저평가 상태인가?", "경쟁사보다 어떤 점이 차별적인가?"

이런 질문 하나하나를 따라가다 보면 나중에는 리포트를 보지 않고도 기업을 해석할 수 있는 힘이 생긴다.

주식투자의 첫걸음은 기업분석부터

## [02] 리포트에서는 답이 아니라 질문을 찾자

주식 리포트는 한 기업에 대한 다양한 정보가 응축된 문서다. 길게는 10페이지가 넘기도 하지만 중요한 건 어디를, 어떤 시선으로 읽느냐다. 리포트의 전형적인 구조는 다음과 같다.

- 투자포인트 요약 Investment Highlights
- 실적 요약 및 전망
- 사업 개요 및 핵심 포인트
- 재무 분석 및 밸류에이션
- 리스크 요인
- 경쟁사 비교나 산업 분석

이 중에서도 가장 먼저 봐야 할 부분은 투자 포인트 요약이다. 보통 리포트 첫 페이지 상단에 위치한 이 항목에는 애널리스트가 '왜 이 기업이 지금 투자할 만한지'를 요약해서 담아놓는다. '신규 고객사 확보로 실적 상향 가능', '영업이익률 반등 예상', '글로벌 수요 회복의 수혜 예상' 같은 문장들이 이곳에 등장한다. 이 한두 문장만으로도 리포트의 방향성과 핵심 주장을 파악할 수 있다.

대부분의 리포트는 첫 페이지 상단에 이 단락을 배치한다. 애널리스트가 이 기업을 왜 주목하는지, 어떤 변화가 있는지를 간결하게 정리한 부분이다. '수익성 회복 예상', '신규 수주 증가', '고객사 투

195

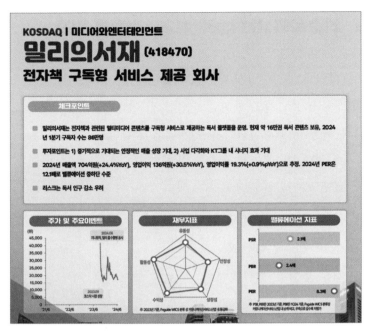

▲ 기업리서치 보고서의 첫 페이지 예시. (출처:한국IR협의회 '밀리의서재' 기업리서치)

자 재개'같은 문장은 이 기업을 지금 주목해야 할 이유를 보여준다. 이 문단을 읽을 때는 단순히 '좋다니까 좋겠지'라는 마음보다는 다음과 같은 질문을 가져보면 좋다. **이 기업은 왜 지금 주목을 받고 있을까?**

그 다음에는 실적과 사업 설명을 함께 살펴보자. 여기서 중요한 건 단순한 숫자가 아니라 해석의 방식이다. 매출이 늘었는지 줄었는지보다 '왜' 그렇게 되었는지를 읽는 연습이 필요하다. "원재료 단가 하락으로 수익성이 개선됐다", "고정비 부담이 줄어들며 영업이익률이 회복됐다"같은 문장들은 그 기업의 사업 구조와 비용 구조를 동시에 보여준다.

또한 밸류에이션과 재무 지표 분석도 눈여겨볼 부분이다. PER, PBR, EV/EBITDA 등 숫자가 나열되어 있지만 그 자체보다는 '이 기업이 저평가되어 있다고 보는 이유'에 주목하면 된다. 예를 들어, "동종 업계 평균 PER은 20배인데 이 기업은 12배 수준"이라는 문장이 있으면 이 차이가 과연 정당한 것인지 혹은 시장이 아직 눈치채지 못한 부분이 있는지를 스스로 판단해보는 훈련이 된다.

그리고 반드시 체크해야 하는 항목은 리스크 요인이다. 많은 투자자들이 이 부분을 가볍게 넘기지만 투자에서 가장 중요한 것은 손실 가능성을 줄이는 것이다. 리포트에는 종종 "신제품 흥행 실패 시 수익성 타격 우려", "환율 변동 리스크 존재"같은 문장이 명시되어 있다. 즉, "무엇이 이 시나리오를 무너뜨릴 수 있는가?"에 대한 힌트가 여기에 있다.

리포트는 정답지가 아니다. 오히려 **질문지를 제공하는 도구**에 가깝다. "왜 이 시기에 이 종목을 주목했을까?", "이 실적 전망은 어떤 가정에서 나온 걸까?", "이 리스크는 현실화될 가능성이 얼마나 될까?"이런 질문을 품고 리포트를 읽다 보면, 점점 기업을 바라보는 눈이 생긴다.

중요한 건 "전문가가 이렇게 말했으니 믿는다"가 아니라, "전문가는 이렇게 해석했지만 나는 어떤가?"를 생각하는 것이다. 이런 태도

PART 4. 숨은 기회를 찾는 정보 탐험의 기술

로 한두 종목의 리포트를 계속 비교해서 읽다 보면 기업분석의 감각은 자연스럽게 따라온다.

이후에는 실적 요약과 사업 개요부분을 읽는다. 숫자 그 자체보다는 그 숫자가 왜 그렇게 나왔는지에 대한 설명이 핵심이다. 예를 들어 "고정비 감소로 이익률이 개선됐다"는 문장은 단순히 영업이익이 늘었다는 사실보다 더 많은 걸 알려준다. 기업의 수익 구조, 비용 구조, 경쟁 상황까지 한 문장에 담겨 있을 수 있다. 그 다음으로는 밸류에이션과 재무 지표를 살펴본다. PER, PBR같은 숫자가 많이 등장하지만 숫자 자체보다 '왜 저평가 상태라고 판단했는가'를 생각해보는 게 더 중요하다.

예를 들어, 'PER 12배로 업계 평균 대비 저평가'라는 문장을 보았을 때는 이렇게 질문해보자.

- PER이 낮은 이유는 뭘까?
- 시장에서는 이 기업의 리스크를 어떻게 반영하고 있나?
- 지금 이 숫자가 매력적인지, 단순한 숫자일 뿐인지?

그리고 리포트의 말미에는 리스크 요인이 정리돼 있다. 많은 투자자가 이 부분을 가볍게 넘기지만 사실 이 항목은 이 시나리오가 틀릴 수 있는 조건을 보여준다. 예를 들어 '환율 변동성 리스크', '신제품 흥행 실패 가능성'같은 문장은 이 리포트의 핵심 논리를 뒤흔들 수 있는 변수다. 이 문장을 만났을 때는 이런 질문을 던져보자.

- 이 리스크는 일시적인가, 구조적인가?
- 이 기업은 이 리스크를 이겨낼 체력을 갖고 있는가?
- 나에게 이 리스크는 감당 가능한 수준인가?

이처럼 리포트를 읽을 때는 '숫자'를 중심에 두기보다는 숫자에 도달한 해석의 흐름을 읽는 것이 중요하다. 그리고 그 해석에 내가 동의할 수 있는지를 자문해보는 것이다.

결국 리포트는 정답지를 주는 문서가 아니다. 질문지를 제공하는 문서에 가깝다. 전문가의 시선은 참고할 만하지만 투자 판단의 책임은 언제나 내 몫이다.

리포트는 정보가 아니라 관점을 얻기 위한 도구다. "이 기업을 어떻게 바라보면 좋을까?"를 고민할 때 전문가가 만들어 놓은 해석의 틀을 잠시 빌려보는 것만으로도 큰 도움이 된다. 그 시선을 통해 사고하는 법을 익히면 언젠가는 나만의 분석 틀을 만들 수 있게 될 것이다.

**리포트를 읽을 때 던져볼 질문**
- 이 기업은 왜 지금 주목을 받고 있는가?
- 최근 어떤 변화나 이벤트가 있었는가?
- 기업의 이익 구조에 무슨 일이 벌어지고 있나?

● **주의**

물론 리서치 자료를 활용하는 것에는 유의점도 존재한다. 특정 애널리스트가 긍정적인 평가를 내린 기업이 실제로는 기대와 다른 실적을 보일 수 있다. 또한, 애널리스트들은 주식 추천이나 목표 주가를 제시할 수 있지만 이는 예상에 불과하며 실제 결과와 차이가 날 수 있다.

리서치는 풍부한 정보와 분석을 제공하지만 때로는 너무 많은 정보로 인해 투자자가 중요한 정보를 놓칠 수도 있다. 리서치에서 제공되는 분석은 매우 다양하고, 때로는 서로 상충하는 의견도 존재할 수 있다. 이럴 때는 여러 리서치 자료를 비교하고 분석하는 과정이 필요하다. 또한 일부 증권사는 자사의 투자 상품을 홍보하는 목적으로 리서치를 작성하기도 한다. 따라서 여러 증권사의 리서치를 참고하는 것이 중요하다.

## 03 목표주가는 예측이 아닌 의견

리포트를 펼치면 가장 먼저 눈에 띄는 것이 있다. 바로 '목표주가'다. 애널리스트는 현재 주가보다 얼마나 오를 수 있는지를 판단해서 종종 '매수BUY', '중립HOLD' 같은 의견과 함께 목표 가격을 제시한다.

초보 투자자 입장에서는 이 숫자가 굉장히 매력적이다. 지금 주가가 8만 원인데 목표주가가 11만 원이면 "이거 사야 하는 거 아냐?"라는 생각이 들 수밖에 없다. 하지만 목표주가는 어디까지나 애널리스트가 설정한 시나리오가 현실화되었을 때 기대되는 가격일 뿐이다. 당연히 그 시나리오가 틀릴 수도 있다. 아니, 실제로는 맞는 경우보다 틀리는 경우가 더 많다. 리포트의 목표주가는 대부분 긍정적인 전망을 바탕으로 계산된다. 보통 향후 12개월 실적을 추정하고, 거기에 적절한 PER(주가수익비율)이나 EV/EBITDA 배수를 적용해 목표주가를 산출한다. 하지만 이 과정에는 수많은 가정이 깔려 있다. 예를 들어,

- 매출은 올해보다 15% 성장할 것이다.
- 영업이익률은 회복세를 보일 것이다.
- 시장 점유율은 유지되거나 소폭 상승할 것이다.

이런 가정이 틀어지면 목표주가도 의미를 잃는다. 그렇기 때문에 이 숫자는 '믿을 것'이 아니라 '해석할 것'이다. 예를 들어 리포트에 '목표주가 11만 원, 현 주가 8만 원'이라고 쓰여 있다면 이렇게 질문해보자. 그 3만 원 차이의 근거는 뭘까? 매출 증가가 핵심인가, 아니면 이익률 회복인가? 이 시나리오가 현실이 되려면 어떤 조건이 충족되어야 하지? 질문을 따라가다 보면 리포트에서 제시한 '상승 논리'가 눈에 들어온다.

그리고 그 논리가 얼마나 설득력 있는지, 얼마나 현실적인지를 판단하는 건 투자자의 몫이다. 목표주가를 활용하는 가장 좋은 방

법은 수치를 믿는 것이 아니라 그 안에 담긴 '시선'을 읽는 것이다. 어떤 기업을 분석하면서 "이익률이 회복될 것이다"라는 전망을 보면 지금은 왜 낮은 이익률을 기록하고 있는지, 그 원인이 해소되고 있는지를 다시 확인해볼 수 있다.

시장에는 수많은 생각이 존재하고, 주가는 그 모든 생각이 충돌하고 합쳐지는 공간이다. 리포트는 그중 하나의 의견일 뿐이다. 정답도 아니고, 확신도 아니며 예측은 더더욱 아니다.

객관적인 근거들과 목표주가는 가끔 우리의 마음을 흔들 수 있다. 하지만 숫자는 언제든 바뀔 수 있고, 바뀌기 마련이다. 리포트를 활용해서 미처 몰랐던 질문을 던져보고, 자신만의 의견을 만들어 나가보자.

주식투자의 첫걸음은 기업분석부터

# 궁금증 타파,
# 블로그 리서치 스킬

## [01] 개인투자자가 전문가의 관점을 빌리는 방법

필자는 처음 기업분석을 접할 때 정보를 얻기 위해 가장 쉽게 접근했던 것이 블로그였다. 지금도 블로그에 올라온 글을 통해서 기업을 접하고 공부한다. 블로그는 개인투자자의 살아 있는 시선과 관점을 엿볼 수 있는 유용한 도구다. 자신이 분석한 내용을 정리해 두거나 처음 주식을 시작하며 기록처럼 남긴 개인의 관찰과 해석이 담긴 글은 기업에 대해 공부할 때 꽤 좋은 길잡이가 된다.

특히 초보자 입장에서는 같은 개인투자자의 언어로 쓰여있기 때문에 훨씬 와닿는다. 다만 블로그에는 광고성 콘텐츠가 많기 때문에 걸러내는 눈이 중요하다. 광고성 블로그 글의 특징은 대체로 비숫하다. '폭등 임박', '지금 사야 할 종목'같은 자극적인 제목은 피하는 게 좋다. 이런 글은 대개 끝에 리딩방 링크나 메신저 아이디가 붙어 있다. 출처가 불분명하게 운영되는 주식 리딩방으로 유도하는 것이다.

반면, 개인투자자가 직접 시간을 들여 기업의 사업 모델을 파악하고 투자 의견을 기록해둔 글은 톤부터 다르다. 성급하게 매수/매도를 권유하기보다 기업을 어떤 기준으로 바라보았는지가 드러난다. 이런 글을 찾으려면 결국 손품이 필요하다. 다음과 같은 조합으로 검색하면 실제로 꽤 괜찮은 글들을 자주 발견할 수 있다.

---

[기업명] + 분석
[기업명] + 실적발표
[기업명] + 투자 기록
[기업명] + IR 후기 / [기업명] + 주주총회 참석 후기
[기업명] + 반기보고서

---

▲ 기업명 + 분석으로 검색

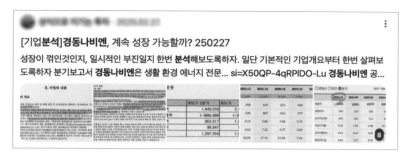

▲ 글 제목의 앞부분에 [기업분석]이라는 말머리가 있는 경우 꾸준히 글을 발행하는 개인투자자
의 기록일 확률이 높다.

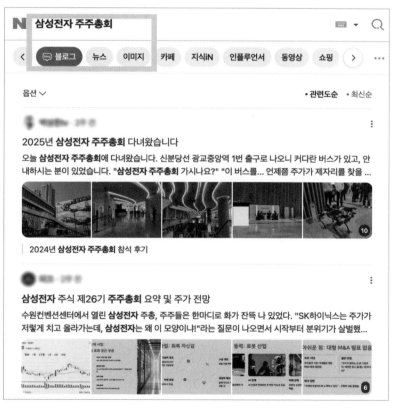

▲ 기업명 + 주주총회 검색 시 살아있는 주주 분위기를 접할 수 있다.

예를 들어 '마녀공장 분석', '이오테크닉스 투자기록', '에코프로 IR 후기'처럼 검색하면 개인투자자가 정리한 블로그 글이 종종 걸린다. '기업명 + 주주총회'로 검색하면 실제 주주총회에 참석한 투자자가 작성한 후기를 종종 찾을 수 있다. 예비 투자자가 아니라 이미 기업에 투자 중인 개인투자자들의 생생한 심리를 접할 기회다.

또 하나 '기업명 + 분석'의 키워드를 검색했을 때 포스팅 제목 첫 부분에 [기업분석]이라는 말머리가 달려 있는 글이 있을 것이다. 필자는 이런 게시글은 무조건 클릭해본다. 이렇게 정성스레 말머리를 달아 분류해 두는 글은 기업분석 글을 꾸준히 기록하고 발행하는 투자자의 블로그일 경우가 많았다. 이런 글은 보통 표면적인 내용뿐만 아니라 그 사람이 기업을 어떻게 이해하고 해석했는지가 드러나기 때문에 내가 아닌 다른 투자자의 시선을 이해하는데 도움이 된다.

블로그 글이 완벽해서가 아니다. 사실상 대부분은 일부 정보만 정리되어 있거나 단편적인 시각에 머물러 있는 경우도 많다. 우리의 목적은 투자에 앞서 이 기업이 어떤 회사인지 쉽게 감을 잡고, 주관적인 의견을 접하는 것이다.

리포트가 정제된 시선이라면, 블로그 분석글은 날 것의 시선이다. 둘을 함께 활용하면 기업을 입체적으로 볼 수 있다. 물론 이런 글도 결국은 하나의 개인 의견일 뿐이다. 하지만 그런 의견들이 모이면 시장의 흐름을 구성하는 시선이 되기도 한다.

# 투자의 해설지, 과거 기사 읽기

기업의 과거 기사는 어떤 용도로 활용하면 좋을까? 기사를 주가의 미래 움직임의 힌트로 얻기도 하지만 필자는 과거의 투자 해설지로 사용하는 방법을 제안해보려고 한다. 뉴스는 기업의 일기장이다. 며칠, 몇 달 전 어떤 일이 있었고, 어떤 이슈를 지나 지금에 이르렀는지를 시간순으로 훑어볼 수 있다. 그 흐름을 따라가다 보면 기업의 변화가 시장에 어떤 반응을 일으켰는지를 짐작할 수 있다.

과거 기사를 검색할 때는 단순히 기업명만 입력하기보다는 키워드를 조합해보는 것이 좋다. '실적 발표', '대규모 계약', '신제품 출시', 'CEO 교체'같은 키워드를 함께 넣고 '최신순'과 '오래된 순'을 오가며 읽다 보면 기업이 어떤 과정을 거쳐 지금의 위치에 왔는지 그려진다. 중요한 건 기사를 기업의 성장 흐름 그리고 주가와의 상관관계를 짚으며 읽는 것이다. 하나의 기사로 결론을 내리기보다는 같은 이슈가 어떻게 이어졌는지, 시장은 어떤 반응을 보였는지를 살펴보는 게 핵심이다. 실적 발표 이후 주가가 급등했다면 그 실적이 예상보다 좋았던 건지 아니면 이미 주가에 반영된 결과였는지를 살펴본다. 그 시기의 기사 내용과 함께 주가 차트를 같이 보면 과거 뉴스가 실제로 시장에 어떤 영향을 미쳤는지 감을 잡을 수 있다.

예를 들어, 반도체 기업이 과거 특정 분기 실적 발표 후 주가가 급등했던 사례가 있다면 그때 어떤 실적 요인이 시장의 기대를 뛰어넘었는지, 경쟁사는 어떤 흐름을 보였는지 또 이후 주가가 얼마나 유지되었는지를 파악해 두면 비슷한 상황이 다시 왔을 때 예측에 도움이 된다. 다만, 과거와 똑같은 일이 다시 반복되진 않는다.

하지만 기업이 어떤 뉴스에 어떻게 반응하는지, 시장은 무엇을 민감하게 받아들이는지에 대한 감각은 충분히 길러볼 수 있다. 주가가 왜 올랐는지, 왜 반등하지 못했는지를 해석하는 눈을 키우는 데 과거 뉴스만큼 좋은 자료도 없다. 결국 뉴스는 기업의 실체를 깊이 파고드는 도구는 아니지만 기업이 지나온 궤적과 시장의 움직임을 함께 이해하는 '보조 해설서'처럼 활용할 수 있다.

# 한국IR협의회, 중소기업 투자의 동반자

주식투자 정보를 찾는 방법은 예전보다 훨씬 다양해졌다. 검색만으로도 웬만한 기업의 재무제표나 실적 발표, 리서치 자료에 손쉽게 접근할 수 있다. 하지만 여전히 정보의 공백은 존재한다. 리포트를 읽다 보면 "ㅇㅇ증권이 이 기업을 커버하고 있다"는 표현을 종종 보게 된다. 여기서 말하는 '커버리지coverage'란 증권사나 애널리스트가 특정 기업을 분석 대상으로 삼아 지속적으로 리포트를 발행하고 있다는 의미다.

　모든 기업이 증권사 리포트를 통해 다뤄지는 것은 아니다. 대형주나 시장의 주목을 받는 기업들은 여러 증권사에서 동시에 커버하지만 중소형주나 생소한 업종의 기업은 아예 커버되지 않아 리포트를 찾기 어려운 경우도 많다. 중소기업의 경우 대형 증권사의 분석

대상에서 벗어나 있는 경우가 많고 뉴스에 자주 등장하지도 않는다. 정보가 부족하면 투자 판단도 어려워질 수밖에 없다.

이럴 때 참고할 수 있는 한 가지 방법이 있다. 바로 '한국IR협의회'에서 제공하는 중소기업 리서치 보고서다. 이곳에서는 규모가 작거나 상대적으로 주목받지 못했던 기업들의 분석 리포트를 무료로 열람할 수 있다. 기업의 주요 사업 내용, 최근 실적, 향후 전략 등이 간결하게 정리되어 있어, 사업보고서를 읽기 전 기초 정보를 파악하는 데 도움이 된다. 대형 증권사 리포트는 이미 시장에서 널리 공유되는 경우가 많지만 한국IR협의회에서 제공하는 보고서는 비교적 중소기업에 대한 정보를 포함하고 있다. 모든 기업이 IR 활동을 활발히 할 수 있는 여건을 갖춘 것은 아니기 때문에 정보가 적다는 이유만으로 시장에서 소외되는 기업이 생기지 않도록 정보의 접근성을 보완하려는 목적이다. 필자는 반도체/IT 업종 기업에 관심이 많은데 처음 발굴하는 기업이 있으면 한국IR협의회 사이트에서 리포트를 먼저 검색해본다. 한국IR협의회에 올라오는 리포트에는 반도체/IT 업종 중소기업을 분석한 양질의 리포트가 꾸준히 업로드되고, 유튜브 채널에서 세미나 형식을 통한 기업 소개를 제공하고 있어 구독하며 정보를 얻고 있다.

물론 이 사이트만으로 충분한 분석이 이루어지는 것은 아니다. 그러나 시장의 한쪽을 조용히 비추는 자료로서 개인투자자가 좀 더 다양한 기업을 바라볼 수 있게 도와주는 역할은 분명히 하고 있다. 관심 있는 중소기업이 있다면 검색창에 '한국IR협의회'를 입력해 그 기업의 리포트가 있는지 먼저 확인해보자. 다른 곳에서 보기 어려웠던 정보가 정리되어 있을지도 모른다. 정보가 많고 적음을 떠나 어디서부터 시작할 수 있느냐는 투자의 진입장벽을 낮추는 데 꽤 중요한 요소다.

▲ 한국IR협의회 홈페이지 : www.kirs.or.kr

**STEP 6.**

# 한걸음 물러나면 더 잘 보인다

마지막 여섯 번 째, 한 걸음 물러나서 기업을 바라본다.
존재하는 리스크를 떠올려보고, 경쟁사를 다시 기업분석한다.
최종적으로 투자포인트가 있는지 생각해본다.

혼자서 기업을 공부하고 투자 결정을 내리다 보면 어느 순간 한 방향으로만 생각하게 되는 경우가 있다. 사업보고서도, 재무제표도, 리포트도 열심히 읽지만 결국 같은 관점 안에서만 해석하고 판단하게 된다. 때로는 기업을 너무 가까이 들이댄 나머지 전체적인 그림을 놓치기도 한다. 숲은 보지 못한 채 나무만 파고들거나 숫자만 보다가 흐름을 잃어버리기도 한다. 그래서 한 걸음 물러나는 시선이 필요하다. 내가 바라보는 기업을 경쟁사와 나란히 놓고 비교해보기도 하고, 산업 전체 안에서 기업이 어떤 위치에 있는지를 조망해보는 시도 또는 내가 믿는 투자포인트에 대해 일부러 반대 의견을 찾아보는 일도 나만의 시야를 점검하고 넓히는 데 큰 도움이 된다.

지금부터는 그런 '거리감 있는 시선'을 어떻게 훈련할 수 있을지를 이야기해보려 한다. 숫자 바깥의 이야기, 다른 사람의 해석, 도구를 통한 보조적인 시선들까지 혼자 공부하고 투자하는 개인투자자에게 꼭 필요한 관점들이다. 때로는 한 걸음 물러서는 것이 가장 명확하게 보이는 지점이 된다.

# 경쟁사,
# 단짠단짠 비교분석

어떤 기업을 분석했던 날, 그 기업이 꽤 괜찮다고 생각했다. 매출도 잘 나왔고, 실적도 꾸준했고, 리포트에서도 긍정적인 평가가 붙어 있었다. '좋은 기업이네'라는 결론까지는 어렵지 않았다. 그런데 조금 더 분석해보려고 비슷한 산업의 다른 기업을 함께 보니 판단이 다시 흔들리기 시작했다.

이익률이 더 높은 회사, 연구개발비를 두 배나 쓰는 경쟁사, 해외 매출이 월등히 많은 또 다른 기업을 보면서 처음에 봤던 회사의 강점이 정말 강점이 맞는지 되묻게 됐다. 단독으로 보면 '좋은 기업'처럼 보이던 곳도 경쟁사 옆에 놓는 순간 강점이 진짜인지 아니면 그냥 괜찮은 정도였는지 판별된다. 반대로, 처음엔 눈에 띄지 않았던 기업이 경쟁사와 비교하면서 "이 회사, 생각보다 괜찮네?"하고 다시 보이기도 한다.

## [01] 경쟁사, 비교군을 찾는 3가지 루트

경쟁사는 어떻게 찾을 수 있을까? 간단하다. 'ㅇㅇ기업 경쟁사'라고 검색해보는 것이다. 개인투자자가 정보를 얻기 위해 할 첫 번째는 검색이다. 검색을 통해 나오는 정보로 시장이 해당 기업의 경쟁사를 어느 기업과 경쟁구도로 놓고 비교하는지를 알 수 있다.

### (7) 경쟁상황

| 구분 | 경쟁형태 | 주경쟁자 | 진입난이도 | 경쟁요인 |
|---|---|---|---|---|
| 아이스크림 | 과점 | 롯데웰푸드 해태아이스크림 | 시장지배적 | 영업조직 광고, 품질 |
| 우유 | 자유경쟁 | 서울우유 매일유업 남양유업 | 원재료확보 | 기업이미지 품질 |
| 발효유 | 자유경쟁 | 남양유업 매일유업 | 원재료확보 | 품질, 광고 |

### (8) 시장점유율 추이

아이스크림 시장의 경우 당사를 포함하여 롯데웰푸드, 해태아이스크림 등 3개사가 경쟁하고 있으며, 우유시장은 당사 외에 서울우유, 매일유업, 남양유업 등의 주요 회사가 시장을 점유하고 있습니다.

주요 경쟁회사별 시장점유율은 공인된 자료가 없어 기재를 생략합니다.

▲ 빙그레 경쟁사

두 번째로는 사업보고서에서 '경쟁사' 혹은 '경쟁' 키워드를 검색하는 것이다. 이 경우에는 직접적인 경쟁 회사의 이름은 언급되어 있지 않을 수 있지만 해당 회사가 분석하는 경쟁 여건과 경쟁 구도에서의 우위점을 알 수 있는 방법이 된다. 덧붙여 '시장 점유율' 항목을 통해 분석하고자 하는 기업을 비교했을 때 더 비율이 높거나 흡사해 비교분석 해 볼만한 기업이 있다는 부분을 유추할 수 있다. 우리에게 친숙한 식품회사들을 예로 들어보겠다.

---

**(3) 국내 시장점유율 추이**

**(가) 개요**

국내 라면 시장에서 주력 제품군의 강력한 브랜드 파워에 힘입어 과반 이상의 높은 시장점유율을 유지하고 있습니다.

**(나) 기간별 라면류 시장점유율(주요 4개사 100% 기준)**

(연간기준)                                                                                                     (금액기준 %)

| 기간 | 구분 | 농심 | 기타 | 비고 |
|------|------|------|------|------|
| 2024년 | 라면 | 56.3 | 43.7 | - |
| 2023년 | 라면 | 56.0 | 44.0 | - |
| 2022년 | 라면 | 56.3 | 43.7 | - |

주) 본 시장점유율은 닐슨 데이터 자료를 기준으로 금액기준 백분율로 작성한 당사 추정치로써 참고목적으로 기재한 것임.

---

▲ 농심 '시장점유율'을 통해 면류 점유율에서 우위를 점하고 있다는 점을 알 수 있다.

세 번째로는 자주 사용하는 주식 거래 어플을 통해 '주식 섹터' 내의 유사한 기업을 하나씩 살피는 방법이다. 개인투자자가 사용하는 대부분의 어플에는 주식들이 연관 섹터별로 분류되어 있다. 필자가 주식거래에 사용하는 키움증권 모바일 앱을 예시로 보자. 종목을 조회한 후 보이는 주식명을 클릭하면 해당 종목의 주식 정보들이 뜬다. 시가총액을 포함한 기업정보들 아래에는 주가 정보가 제공되고 있다. 연관 섹터를 클릭하면 기업이 속한 섹터로 분류되는 다른 상장기업들을 조회할 수 있다.

▲ 키움증권 모바일 앱에서 주식종목을 클릭하면 연관섹터를 조회할 수 있다.

유의할 부분은 '연관 종목'이 아니라 '연관 섹터'로 접근하는 것이다. 연관종목은 꼭 기업과 동일 업종의 기업이나 경쟁 사업 관계가 아니더라도 시장 이벤트에 따라 함께 주가가 움직이며 연관있는 종목이 될 수 있다. 연관 종목이 아닌 연관 섹터를 조회하는 이유다. 섹터를 찾았다면 연관 섹터로 분류된 상장기업 리스트를 보며 하나씩 분석하면 좋겠지만 수많은 주식들을 정성스레 분석하기는 현실적으로 비효율적일 수 있다. 그래서 우선 기업개요를 읽으며 비교군을 추려내는 작업이 필요하다. 비교군을 선별할 때는 같은 산업, 비슷한 규모, 유사한 사업 구조를 가진 기업 또는 동일 산업 내 '시장지배자 vs 도전자' 기업으로 찾아보자.

## 02 경쟁사 비교 사례

### ● 반사이익

소비재 산업처럼 브랜드 이미지와 소비자 인식이 중요한 분야에서는 경쟁사의 변화나 이슈가 투자 판단에 큰 영향을 줄 수 있다. 이런 경우 **'반사이익'**이라는 개념을 함께 살펴볼 필요가 있다. 반사이익이란 말 그대로 경쟁사의 부정적인 이슈가 나의 투자 대상 기업에 긍정적인 효과를 가져오는 현상을 뜻한다. 같은 시장을 공유하고 있는 경쟁 관계라면 소비자·시장·미디어의 관심이 한쪽에서 멀어질 때 다른 한쪽으로 옮겨가며 예상치 못한 기회를 만들어내기도 한다.

소비재를 판매하는 ○○회사와 △△회사의 상황을 들어보자. ○
○회사는 과거에 어떤 이슈로 인해 불매운동이 꾸준히 이어져 오고
있다. 소비자에게 좋지 않은 이미지로 작용하는 각종 이슈들이 반
복되면서 브랜드 이미지에 심각한 타격을 입었다. 그 과정에서 ○
○회사와 같은 업종을 영위하는 △△회사가 ○○회사와 대조되며
소지바들의 주목을 받는다. 소비자 입장에서는 ○○회사 제품을 대
체할 브랜드를 찾아나서고 자연스럽게 △△회사가 언급되는 모습
으로 흘러간다. 이런 현상이 △△회사의 매출에 반영되면 시장 참
여자들은 주가 상승을 기대하며 △△회사 주식을 사들인다. 이것이
반복되면 수요가 몰리면서 실제로 주가가 올라가는 현상이 나타날
확률이 높아진다. 이처럼 소비자의 신뢰가 중요한 시장에서는 경쟁
사의 리스크가 상대 기업의 매출과 브랜드 가치에 직접적인 영향을
미치기도 한다.

또한 경쟁사 내부의 변화(경영진 교체, 이미지 쇄신 등)가 앞으로 어떤
방향으로 작용할 수 있는지 예측해보는 것도 중요하다. △△회사
가 오랫동안 누려왔던 반사이익이 ○○회사의 변화로 더 이상 유효
하지 않다고 판단되었을 때 투자 포인트가 손상되었다고 판단할 수
있다. 경쟁사의 위기는 기회가 될 수 있지만 반대로 반사이익을 안
겨준 경쟁사의 문제요인 회복은 리스크로 작용할 수도 있다.

## ● 경쟁과 함께 성장하는 시장

사실 반사이익처럼 경쟁관계가 주가 경쟁에 뚜렷하게 영향을 미치는 경우는 드물다. 경쟁사 관계라고해서 꼭 주가가 반대로 움직이란 법은 없다. 규모 자체가 성장하는 시장에서는 오히려 함께 시장을 열어가는 긍정적 경쟁관계가 만들어진다. 한창 기업분석에 몰두했던 어느 시절, 집에 있던 헛개차 음료의 라벨을 살폈다. 페트병 뒷면의 라벨에서 '삼양아셉시스'라는 로고를 발견했고 곧 이 로고가 삼양패키징이라는 상장기업의 계열사라는 걸 알게 됐다. 삼양패키징은 음료 용기를 제조 납품하는 회사로, 특히 '아셉틱' 기술을 바탕으로 한 무균 충전 PET 용기 분야에 국내 최초로 진입한 기업이었다.

아셉틱 충전 기술은 고온살균 없이도 음료를 무균 상태로 충전할 수 있어 음료의 맛과 영양을 보존하면서도 유통기한을 연장시킬 수 있는 기술이다. 우리가 무심코 사용하는 생활제품 뒤에도 새로운 기술과 기업이 숨어 있는 것이다.

아무튼 삼양패키징은 이 분야에 설비 투자를 선도적으로 진행하며 기술과 생산라인을 먼저 갖춘 기업이다. 아셉틱 용기 산업은 페트병처럼 소비재의 성격을 띄면서도 음료 제조와 충전을 직접 담당하기 때문에 음료사업에 가깝다. 이익률을 살펴봐도 스프레드 이익이 아니라 나름 고부가가치 사업이다. 페트의 이익률이 5%인데 아셉틱은 영업이익률이 15~20%가 나온다. 이익률이 높아도 아무나 시장진입을 할 수 없는 이유는 투자비용이 많이 들기 때문이다. 음료 배합장치와 위생관련 장치, 용기의 금형틀 제작 등의 장비로 라인당 투자비용이 400억 원이 넘고 새로운 용기모양으로 교체할 때마다 큰 비용이 발생하기 때문에 최소생산물량이 높아 중소업체가 다량의 디자인을 보유하기 어렵다.

이후 자본력이 풍부한 동원시스템즈가 후발주자로 이 시장에 진입했다. 동원시스템스는 PET뿐 아니라 알루미늄, 유리 등 종합 패키징 솔루션 사업을 영위하는 회사이다. 처음에는 동원시스템스의 진입으로 경쟁심화와 판가 하락을 우려했다. 브랜딩과 마케팅의 영향력이 적은 소비재 제품이었기에 가격 경쟁이 심화되는 치킨게임의 가능성도 있었다.

그러나 한편으로는 동원시스템스의 사업보고서상 아셉틱 사업 부분은 매출비중 등이 구체적으로 다뤄지지 않고 있어 주된 사업 부분은 아님을 짐작할 수 있었다. 삼양패키징은 4호기 완전가동 시점을 2021년으로 예상했지만 신규수주가 늘어나면서 2020년에 완전가동에 이르렀고, 현재 2025년에는 6호기를 가동 중인 상황이다. 기업분석 이후 양사의 신·증설이 완료된 이후 경쟁으로 인한 부작용보다는 시장의 생산능력 증가로 아셉틱의 고객수요가 넓어지는 효과가 더 크게 나타났다.

이 사례에서 중요한 건 단순한 경쟁 구도가 아니다. "후발 기업이 들어오면 선발 기업이 불리해지는 거 아닌가?"라고 생각할 수 있지만 꼭 그렇지만은 않다. 오히려 후발 기업의 진입은 시장의 규모와 가능성에 대한 하나의 신호가 되기도 한다. 이제 막 시작되는 시장에서 여러 기업이 동시에 진입하면 기술 발전과 소비자 인지도가 빨라지면서 시장이 본격적으로 성장하는 기반이 마련된다. 다시 말해, 경쟁이 '시장'을 키우는 촉진제가 되는 순간이다. 투자자는 이런 흐름을 이해하고 있으면 단순히 "누가 이기느냐"보다 "시장이 얼마나 커질 것이며 누가 그 안에서 구조적으로 유리한가"에 주목하게 된다.

삼양패키징과 동원시스템즈의 사례에서처럼 설비를 먼저 갖추고 OEM 파트너십을 안정적으로 맺고 있는 기업이라면 시장 성장의 초기 과실을 챙길 가능성이 높다. 반대로 후발주자가 자본력은 있지만 시장점유율 확보에 시간이 걸린다면 단기적으론 기존 선도기업이 더 많은 기회를 얻을 수 있다.

경쟁은 언제나 치열하고 냉정한 것처럼 느껴진다. 기업이 많아질수록 파이를 나눠야 하니까 경쟁사가 늘어난다는 건 그만큼 불리해지는 일처럼 보이기도 한다. 하지만 꼭 그렇지만은 않다. 특히 시장이 이제 막 개화하는 시점이라면 여러 기업이 동시에 진입하면서 시장 자체를 키워주는 효과가 나타나기도 한다.

공급이 수요를 만들어내는 구조, **'세이의 법칙**Say's Law**'**이다. 이런 구조는 보통 새로운 기술이 등장하거나 이제 막 열리고 있는 산업에서 잘 나타난다. 예를 들어 전기차 배터리 시장을 보자. LG에너지솔루션, 삼성SDI, SK온은 서로를 견제하면서도 각자의 고객사에 제품을 공급하고 기술을 발전시킨다. 이 과정에서 배터리 성능과 안전성이 향상되고, 소비자들은 전기차를 더 신뢰하게 된다. 선순환이 반복되며 시장은 성장한다. 의도치 않았더라도 시장을 함께 만들어 나가며 파이를 나눠 가지는 경우다.

# 리스크,
# 내 사업처럼 상상하라

주식투자에서의 가장 큰 리스크는 무엇일까? 워런 버핏은 말했다. "리스크는 자신이 무엇을 하고 있는지 모를 때 발생한다."

비 오는 날, 우산을 챙겨 나간 사람과 그렇지 않은 사람의 하루는 다르다. 오후부터 갑자기 비가 쏟아지면 누구는 젖고, 누구는 무사히 귀가한다. 우산이 있는 사람은 날씨를 예측한 것이 아니라 혹시 비가 올지도 모른다는 가능성을 준비한 것이다. 투자도 마찬가지다. 어떤 기업이 지금은 실적이 좋고 주가도 안정적일 수 있다. 하지만 투자자리스크는 그 '만약'을 상상하는 데서 출발한다. 그리고 그 상상은 단순한 걱정이 아니라, 투자를 단단하게 만들어주는 핵심 요소다. 기업을 분석할 때 우리는 수치에 집중하기 쉽다. 매출,

이익, 시장점유율 같은 숫자들은 눈에 잘 들어오고 명확하게 보이기 때문이다. 하지만 리스크는 대체로 '잘 보이지 않는 쪽'에 있다. 그렇다고 사라지는 것은 아니다. 한 번의 사건이 주가를 송두리째 흔드는 경우도 많다. 어떤 기업이 외형은 커지고 있지만 계속 적자를 내고 있다면 이는 경기 상황이 조금만 나빠져도 버티기 어려울 수 있다는 신호다. 또 주요 고객사가 단 한 곳이라면 그 고객이 떠나는 순간 매출이 무너질 위험도 있다. 이처럼 리스크는 기업의 약점이나 취약한 고리를 찾는 일이다.

- **재무 리스크** : 과도한 부채, 낮은 이자보상배율
- **산업 리스크** : 기술 변화, 수요 감소, 경쟁 격화
- **외부 환경 리스크** : 원자재 가격 상승, 환율 변동, 정부 규제
- **경영 리스크** : 오너 리스크, 경영진 교체, 도덕적 문제

이런 위험 요소는 사업보고서의 '주요 리스크 요인' 항목에서 확인할 수 있지만 기업이 굳이 강조하지 않는 리스크도 있다.

그래서 리스크는 숫자를 보는 눈과 함께 "이 기업이 놓치고 있는 건 뭘까?"를 계속 질문하는 자세에서 시작된다. 리스크를 본다는 건 두려워서가 아니다. 오히려 리스크를 미리 인식하고 투자한다면 갑작스러운 시장의 충격에도 침착할 수 있다. 우산을 챙긴 사람처럼 말이다. 투자자는 좋은 날만 생각해서는 안 된다. 흐릴 때도 대비하는 사람이 결국 긴 투자 여정을 완주할 수 있다.

PART 4. 숨은 기회를 찾는 정보 탐험의 기술

- **이 기업은 주요 고객사 의존도가 높은가?**

  특정 한 곳에서 매출이 대부분 발생하고 있는가?

- **이익 대비 부채가 너무 많지는 않은가?**

  이자보상배율이 낮다면 빚을 감당하기 어려울 수도 있다.

- **경영진에 대한 신뢰는 어떤가?**

  오너 리스크, 횡령·배임 전과, 자주 바뀌는 경영진 등은 체크
  할 필요가 있다.

- **원자재나 환율에 민감한 산업인가?**

  갑작스러운 외부 변수에 대응할 여력이 있는지 확인해보자.

- **산업 전반이 성장하고 있는가, 정체되고 있는가?**

  산업이 정체 중이라면 경쟁이 과열되고, 수익성은 낮아질 수
  있다.

- **이 기업은 기술 변화에 뒤처질 가능성이 있는가?**

  경쟁 기업 대비 기술강점이 있는지, R&D 투자가 충분한지도
  함께 보자.

- **영업이익률이 계속 하락하고 있지는 않은가?**

  이익률 하락은 내부 경쟁력 약화의 신호일 수 있다.

- **이 기업의 실적이 경기와 얼마나 연동되는가?**

  경기민감 업종일 경우 거시 경제 상황도 함께 고려해야 한다.

# 3

# 해자,
# 기업을 지키는 성곽

옛날 중세 시대, 성곽을 둘러싼 깊은 도랑이 있었다. 적들이 쉽게 침입하지 못하도록 성 주위를 빙 둘러 판 그 도랑을 '해자垓子, moat'라고 불렀다. 눈에 잘 띄진 않지만 이 해자가 있는 성과 없는 성은 생존력부터 달랐다.

투자자 워런 버핏은 이 개념을 기업에 빗대어 설명했다. 경쟁자가 쉽게 넘지 못할 무언가, 회사의 수익을 지켜주는 방어선이 필요하다는 뜻이다. 이런 해자는 눈에 보이는 성벽이 아니라 브랜드, 고객 충성도, 기술력, 독점적 시장 지위처럼 회사를 장기적으로 지켜주는 경쟁력 그 자체다. 다른 기업이 넘보기 어려운 진입장벽이라고 생각하면 쉽다.

필자는 기업에서 이런 해자를 가진 기업에 높은 점수를 준다. 그런 기업은 보통 꾸준히 이익을 내는 구조를 갖고 있다. 해자는 크게 두 가지 종류가 있다.

- 경제적 해자
- 기술적 해자

둘 다 기업의 경쟁력을 지켜주는 울타리이지만 성격은 조금 다르다.

**경제적 해자**는 돈을 꾸준히 벌게 해주는 구조다. 예를 들어, 브랜드 하나만으로 고객이 몰리는 기업. "이건 비싸도 이 회사 거 써야지"라고 하는 충성심이 있는 브랜드는 비슷한 제품이 나와도 흔들리지 않는다. 또는 긴 시간의 업력으로 쌓인 신뢰도가 중요하거나 이용하는 고객이 많아 유통망을 꽉 쥐고 있거나, 거래처를 바꾸기 어려운 경우도 경제적 해자에 해당한다. 다른 기업으로 대체하기 어려운 구조 자체가 기업의 방패가 되는 것이다. 이런 경우는 보통 시장점유율이 높게 나타난다. 이미 경제적 해자를 구축한 결과가 시장점유율이라는 지표로 나타난다고 보면 된다.

**기술적 해자**는 말 그대로 기술적인 진입장벽이다. 복잡한 원천기술, 쉽게 흉내 낼 수 없는 제조 공정, 특허 등처럼 시간과 비용을 들여도 따라가기 힘든 차이가 기술적 해자다. 기술이 곧 장벽이기 때문에 앞서가는 기술이 보호받고 비밀이 유지되고 있다면 경쟁자가 진입하기까지 시간이 걸린다. 기술적 해자는 기업이 공시한 사업보고서에서 '사업의 내용'과 '특허' 키워드를 활용하여 파악할 수 있다. 기술적 해자를 가진 기업은 지금 당장은 시장점유율이 높지 않을 수 있지만 점차 존재감을 다져갈 가능성이 있다. 이런 회사를 미리 알아보고 저렴한 가격으로 주식을 매수할 수 있다면 좋은 투자기회가 된다. 더 나아가서 어떤 기술이 해자를 갖고있다고 하더라도 시장이 필요로 하지 않는 기술이라면 무용지물이다. 기술은 수요가 뒷받침되어야 가치가 생긴다. 그래서 이 기술이 앞으로 커지는 시장에서 현실적으로 사용될지를 짚어야 한다. 이런 해자들은 단순히 '좋아 보이는 기업'이 아니라 실제로 시장에서 오래 살아남을 수 있는 기업을 골라내는 기준이 된다.

진입장벽이 낮고 해자를 구축하기 어려운 산업일수록 가격 경쟁이 심하고 고객의 충성도가 낮다. 제품과 서비스 차별화가 어렵기 때문에 강력한 브랜드마케팅을 필요로 한다. 예를 들어 의류산업이나 B2C 소비재, 생필품이 그렇다. 우리는 하나의 브랜드에서만 옷을 사지는 않으며 할인행사에 따라, 마케팅에 따라, 트렌드에 따라 상품을 구매한다. 얼마든지 대체재가 생겨나고, 신규 기업이 진입할 수 있는 특성을 띤다. 해자가 높은 산업군은 대표적으로 의료나 바이오, 반도체와 IT, 소프트웨어 플랫폼같은 기술산업에서 나타난다. 이런 기술 산업들은 고객 신뢰를 기반으로 하기 때문에 시간을 들여 노하우와 신뢰를 쌓아왔다면 강력한 해자가 된다.

예를 들어 반도체가 잘 완성되었는지 검사하는 공정 단계에서는 그 테스트 업체의 신뢰성이 중요하다. 오랜 기간 거래를 통해 정밀하고 정확도 높은 테스트를 해온 기업이 있다면 신규 기업은 그만큼의 신뢰도와 노하우를 능가하는 기술을 가져야만 할 것이다.

해자가 있다고 무조건 주가가 오르는 건 아니다. 하지만 해자가 없는 기업은 외부 충격에 흔들린다. 경쟁이 치열한 시장일수록 그 차이는 더 크게 드러난다. 그래서 필자는 투자할 때 이 기업이 가진 해자를 질문한다. 해자 하나만으로도 수많은 기업 중 강한 사업경쟁력을 갖춘 기업을 분별할 수 있다.

## 01 해자 체크리스트

### 1. 고객 관련
- 고객이 다른 회사로 갈아타기 어렵거나 귀찮은 구조인가?
- 이 회사 제품/서비스에 충성도가 높은가?
- 이 회사 브랜드만으로도 선택받는가?

## 2. 경쟁자 대비 우위

- 비슷한 제품/서비스를 따라 하기 어려운가?
- 규모의 경제, 공급망, 고객 네트워크 등을 이미 구축했는가?

## 3. 기술력 & 데이터

- 특허, 원천 기술, 생산 노하우 등이 진입장벽으로 작용하는가?
- 데이터를 기반으로 '고객 행동을 예측하거나 락인Lock-in'시키는 구조가 있는가?

## 4. 유통 & 계약 구조

- 고객사와 장기 계약, 독점 계약구조를 가지고 있는가?
- 중간 유통 없이 직접 판매하거나 유통 채널을 지배하고 있는가?

## 5. 매출·수익 안정성

- 불경기에도 꾸준한 매출이 발생하는가?
- 매출, 영업이익의 변동성이 적고, 일관된 성장세를 보이는가?

# 내 동료가 돼라!
# 한 끗 다른 챗GPT 활용법

인공지능의 시대다. 많은 사람들이 일상과 업무에서 인공지능의 도움을 받는다. LLM(거대언어모델)이라고 불리는 채팅 형태의 인공지능에 궁금한 점을 질문하면 몇 초 안에 그럴듯한 대답을 내준다. 챗GPT가 대표적인 예다. 챗GPT를 활용하면 빠르게 정보를 파악하고 일의 효율을 높일 수 있다.

이러한 활용이 가능해진 분야는 투자도 예외는 아니다. 예전 같으면 경제 지식이 있어야 하거나 일일이 공부하며 찾아야 했던 정보를 이제는 챗GPT에게 간단한 질문으로 알아낼 수 있다. 챗GPT는 비전문가나 주식 초보자 대신 공부해서 알려주는 만능 과외 선생님인 셈이다.

# [01] 듣기 대신 읽기 위한 기업분석

기업분석을 공부하는 이유는 우리 스스로가 정보를 수집하고 해석하는 능력을 갖추기 위해서다. 직접 기업을 공부하여 바깥의 소음에 흔들리지 않고 주관적인 의견을 갖추는 것에 의미가 있다. 챗GPT에게 기업분석을 시키면 순간은 편리하지만 결국 챗GPT라는 이름을 가진 남이 해주는 이야기를 듣는 것이다. 챗GPT는 활용의 도구이지 투자자로서의 주역할을 위임하면 기업분석의 목적과 거리가 멀어진다.

과거에 주식스터디에 참여했을 때의 이야기다. 일주일마다 스터디원 각자 하나씩 기업을 골라서 분석을 해왔다. 가져오는 기업들이 늘 달라서 한 번도 겹친 적이 없었다. 각자가 가져 온 주식은 나름의 투자포인트가 있었고 매력있는 기업들이었다. 그러나 서로의 발표를 듣고도 서로의 기업을 매수하지 않았다. 좋은 기업과 좋은 주식일 수 있지만 투자로 이어질 만큼 마음이 움직이지는 않았던 거다. 만들어진 자료를 읽는 것과 직접 자료를 만드는 과정에는 큰 차이가 있다는 걸 배운 경험이었다. 정보를 찾아가며 수집, 정리하는 과정에서는 자신만의 주관이 차곡차곡 생겨난다. 궁금증을 확장하고 기업을 알아가는 희열 속에서 같은 정보라도 머리에 잘 남은 정보들이 유기적으로 얽히며 주관이 만들어진다.

챗GPT가 해주는 기업분석만으로 투자 진행 여부를 판단하기엔 부족하다. 챗GPT의 기업분석으로 투자를 한다면 남의 말을 듣고 투자하는 것과 무엇이 다를까? 이력서로 한 사람의 정보를 알 수 있지만 그 사람을 신뢰하는 것은 또 다른 문제이듯, 우리에게 필요한 것은 빠르게 얻는 정보를 넘어 기업을 분석하는 시간 속에서 진정으로 기업가치에 공감하는 힘, 진득한 투자로 이어질 수 있는 힘을 발견하는 것이다.

물론 인공지능, 챗GPT는 훌륭한 기업분석 도구다. 요약을 해달라거나 정보를 요청할 수 있다. 필자 역시 궁금한 점이 생길 때 챗GPT를 활용한다. 그러나 기업분석을 해 본 적이 없는 주식 초보라면 처음에는 스스로 정보를 수집하고 분석하는 경험을 쌓아 볼 것을 권한다. 기업분석을 어느 정도 해보고 나서 플러스알파를 위해 챗GPT를 활용하면 여느 사람 못지않은 훌륭한 투자 동료가 되어줄 것이다. 어떻게 챗GPT를 활용하면 좋을지 이어서 소개한다.

## 02 나와 다른 관점의 투자 동료, 챗GPT 활용하기

기업분석을 끝내고 나면 "내가 놓친 건 없을까?" 또는 "이 관점을 다르게 보면 어떨까?"라는 생각이 들곤 한다. 투자라는 과정은 나의 의견을 갖는 것 만큼이나 나와 다른 관점을 아는 것이 중요하다. 이럴 때 챗GPT를 활용하면 혼자만의 관점으로 끝날 뻔했던 분석이 새롭게 확장된다. 챗GPT는 정보를 빠르게 제공해주는 백과사전이기도 하지만 정보만큼이나 의견도 제시할 줄 아는 똘똘한 투자 동료다.

답변에는 오류가 있을 수 있고 팩트체크가 꼭 필요하다. 데이터 자체보다도 해석과 새로운 관점에 초점을 맞추면 투자에 도움이 될 만한 통찰을 얻을 수 있다.

기업분석 단계에서 '기업개요', '사업내용'같은 정보를 직접 수집하고 의견이 생겨났다면 그 때 챗GPT를 활용해보자. 내가 먼저 정보와 의견을 제시한 후 그에 대한 챗GPT의 의견을 물어보는 것이다.

질문은 명확하고 구체적인 표현을 사용할수록 챗GPT의 성능이 발휘된 답변을 얻을 수 있다. 예를 들어, "국내 이커머스 기업의 경쟁력을 비교해줘"보다 "쿠팡과 네이버의 이커머스 시장에서의 주요 강점과 약점을 비교해줘"라고 요청하는 것이다.

다음은 챗GPT가 투자 동료가 되어주는 질문, 프롬프트 예시다.

## 1. 새로운 관점을 얻기 위한 질문
- 내가 생각한 **[기업명]**의 성장 전략은 다음과 같아. **[전략내용]** 이 전략이 **[현재 시장 상황]**에서 적합하다고 생각하는 이유를 제시하고, 이 전략이 제대로 작동하지 않을 가능성이 있는 외부 상황이나 고려할 요소를 알려줘.

- **[기업명]**과 **[경쟁사명]**의 전략 방식을 비교했어. 나는 **[기업명]**의 **[특정전략]** 방식이 **[이유]** 때문에 유리하다고 판단했어. 이 판단에 대한 동의 의견과 간과하고 있는 위험 요인을 피드백해줘.

## 2. 투자의사결정을 보조하는 질문

- **[기업명]**의 **[특정전략/제품]**이 **[이유]** 때문에 성장에 유리할 것이라고 판단했어. 이 부분이 주가 상승에 영향을 미치려면 어떤 환경적 요인이 필요한지 그리고 예상할 수 있는 방해요인을 알려줘.
- **[기업명]**이 시장에서 **[특정전략]**이라는 강점을 갖고 있음에도 불구하고, 주가가 상승하지 않는다면 그 이유는 무엇 때문일지 예상되는 요인을 짚어줘. 투자자의 입장에서 어떤 점을 우선적으로 고려하면 좋을지 알려줘.
- **[기업명]**에 투자하기 위한 투자포인트를 세 가지로 요약했어. **[투자포인트 3가지]** 이 세 가지 중에서 주가에 가장 영향을 미칠 가능성이 높은 한 가지를 알려줘. 어떤 경우에 투자포인트가 훼손될 가능성이 있는지 예측해줘.

## 3. 그 외 기업분석을 보충하는 질문

- **[기업명]**이 **[결정/전략]**을 선택한 이유와 그로 인해 예상되는 시장 반응을 해석해줘.
- **[산업]**의 변화가 **[기업명]**에 어떤 기회를 제공할 수 있을지 예

상해줘.

- **[기업명]**이 **[특정 기술/시장]**을 선도하기 위해 어떤 혁신을 기도할 수 있을지 상상해줘.

- **[특정사건]**이 **[기업명]**과 시장에 미칠 영향을 긍정적/부정적으로 나눠서 분석해줘.

- **[기업명]**의 **[특정 전략]**에 대한 찬반 논점을 정리하고 어느 쪽이 더 설득력 있는지 논의해줘.

이와 같은 질문을 통해 나의 관점을 보완하고 몰랐거나 놓치고 있던 리스크를 추가적으로 파악할 수 있다. 예를 들어 위 프롬프트를 사용해 '아모레퍼시픽'을 대입해서 질문하면 다음과 같다.

- **아모레퍼시픽의 글로벌 K-뷰티 트렌드 확산이 온라인 판매 확대로 이어져 성장에 유리할 것이라고 판단했어. 이 부분이 주가 상승에 영향을 미치려면 어떤 환경적 요인이 필요한지 그리고 예상할 수 있는 방해요인을 알려줘.**

- **챗GPT 답변** : 아모레퍼시픽이 K-뷰티의 글로벌 확산과 디지털 전환을 통해 주가 상승을 기대하는 이유는 전 세계적으로 K-뷰티 브랜드에 대한 수요가 증가하고 있기 때문이다.

  이 전략이 주가에 긍정적인 영향을 미치려면 해외 시장에서의 성장과 디지털 마케팅 효과가 실현되어야 한다. 특히, 아시아 및 북미 시장에서 강력한 성장세를 보일 때 주가 상승이 예상된다.

그러나 예상되는 방해요인으로는 글로벌경제 불확실성, 환율 변동, 중국 내 판매 부진 등이 있다. 또한, 온라인 시장 경쟁이 치열해지면서 가격 경쟁력이나 마케팅 효과가 약화될 수 있다.

답변을 통해 '아시아와 북미 시장'에서의 성장이 중요하다는 점과 환율과 중국 리스크가 있다는 점을 알았다. 여기서 더 나아가 왜 아시아와 북미시장이 중요한지를 꼬리물기로 질문할 수 있다. 한 번의 질문에 그치지 말고, 챗GPT 답변을 기반으로 분석을 좀 더 확장해보자. 꼬리에 꼬리를 무는 질문을 통해 기업을 더 깊이 있게 알 수 있다. 중요한 점은 내 의견에 피드백을 요청하면 대게 긍정적인 시각의 답변이 비중 있게 나오기 때문에 꼭 반대의 의견으로도 질문을 해보는 것이다. 연습을 통해서 나만의 투자 질문지를 만드는 것도 하나의 방법이다.

기업분석과 주식투자가 처음이라면 사실 어떤 정보를 접하고 처음부터 다양한 시각을 갖기란 쉽지 않다. 투자 커뮤니티를 찾아가거나 동료를 구하는 것도 초심자 입장에서는 부담스러운 일이다. 챗GPT와의 대화를 통해 다양한 시각을 갖고 정보를 해석하는 연습을 하다보면 나의 생각을 정리하거나 아이디어를 갖는데 점차 도움이 될 것이다.

**5**

# 투자포인트,
# 한 줄로 요약하라

투자한 이유가 명확하지 않으면 시장에 흔들릴 때 결국 판단도 흔들린다. 투자포인트 없이 산 종목은 결국 손절로 끝났고, 뒤늦게 후회만 남았다.

기업분석을 토대로 투자하는 습관을 키운 뒤로부터 필자는 투자하기 전에 '한 문장'을 먼저 쓴다. 투자포인트란 내가 무엇을 근거로 투자 결정을 내렸는지 그 모든 걸 간결하게 정리한 문장이다. 이 기업을 왜 사는지, 어디에 주목했는지가 그 안에 담겨 있어야 한다. 그 한 줄이 있으면 주가가 흔들릴 때도 중심을 잡을 수 있다. 그리고 나아가서는 내가 어떤 기업을 고르는 사람인지에 대한 기준도 생긴다.

투자포인트는 기업이 가진 여러 매력에서 시작할 수 있다. 실적일 수도 있고 사업성일 수도 있고 저렴한 주가일 수도 있다. "이 기업은 ○○ 산업에서 성장성이 있다"같은 아주 단순한 문장부터 시작해도 괜찮다. 중요한 건 완벽함이 아니라 투자할 기업에 대해 스스로 판단할 수 있는 기준을 만드는 과정이다. 제대로 된 한 줄이 수십 개의 뉴스보다 견고한 투자를 만들어준다. 하지만 가장 중요한 점은 투자포인트는 단순히 "이 회사가 괜찮아 보인다"는 느낌이 아니다. 좋은 회사는 많다. 하지만 '좋은 회사 = 좋은 주식'은 아니다. 투자포인트는 강점이 주가 상승으로 이어지는 논리의 연결고리다. 즉, 이 기업이 가진 경쟁력이 어떻게 시장에서 주목을 받고, 수익으로 이어질지를 예측하는 문장이다. '기업의 매력'이 아니라 '투자자의 시선에서 본 매수 근거'에 가까워야 한다. 그래야 흔들리지 않는다.

투자하고 싶은 기업을 찾았다면 다음과 같은 구조로 투자포인트를 정리해보자.

**[기업명]은 (무엇을 강점으로 갖고 있으며), (그 강점이 시장에서 어떻게 작동하고), (그 점이 어떤 시나리오가 일어났을 때 실적/주가에 영향)을 줄 것인가?**

투자포인트는 '이 회사가 괜찮다'는 생각을 '이 회사 주식을 사야 하는 이유'로 정리해주는 문장이다. 좋은 회사를 고르는 것도 중요하지만, 그 회사의 강점이 실제로 시장에서 작동해서 주가로 이어질 수 있을지를 생각해야 비로소 투자자로서의 판단이 완성된다. 한 줄은 짧지만 그 안에 자신만의 논리와 기준이 담겨 있어야 한다.

투자포인트를 한 줄로 요약할 수 없을 때는 주의가 필요하다. 투자 논리가 모호하거나 기업의 핵심 가치를 제대로 이해하지 못했다는 뜻이다. 혹은 기업의 사업 구조가 지나치게 복잡해서 본질을 파악하기 어려운 모델일 수도 있다.

초보 투자자는 투자포인트를 한 줄로 요약하는 과정을 간단하게 시작해야 한다. 처음부터 완벽한 분석을 하려는 부담을 내려놓고, 단순한 투자포인트를 만들어보는 것으로 충분하다. 이렇게 도출한 투자포인트를 투자일지에 기록하고 짧게는 3개월에서 1년 정도 주기적으로 점검하며 자신의 논리가 여전히 유효한지 확인하는 자세도 필요하다. 또한, 모든 투자는 어느 정도의 불확실성을 동반한다는 점을 받아들이고, 투자포인트를 통해 불확실성을 관리하는 데 초점을 맞추자.

결론적으로 투자포인트를 한 줄로 요약하는 것은 기업의 가치를 명확히 이해하고 흔들리지 않는 투자 결정을 위한 핵심이다. 투자에 돌입하기 전에 이 기업에 투자하고 싶은 이유가 무엇인지, 어느 부분에 매력포인트를 느껴 투자를 하는지 설정해보자. 기업의 주식을 보유해 나감에 큰 나침반이 되어줄 것이다.

# 끝까지 살아남는
# 주식시장 생존 전략

PART

# 5

주식은 단기간의 성과보다 긴 시간 동안 살아남는 것이 더 어렵다. 좋은 기업을 발굴하고
도 큰 수익을 낼 때까지 보유하기 위해서는 버티는 힘이 필요하다. 여기에서는 투자 방법
은 다르지만 성공한 투자자들의 공통점, 관점의 전환, 일상과 연결되는 실용적인 전략들을
풀어본다. 꾸준히 기록하고, 흐름을 읽고, 공부를 지속하는 것이 결국 시장에서 오래 남는
힘이 된다.

# 장기투자와 단기투자, 공통점에 답이 있다

## 01 필승 종목, 필승법은 존재하지 않을지도 모른다

"이 다음엔 어떤 주식이 오를까?" 주식투자를 하면 자연스레 드는 질문이다. 시장 이슈를 따라 주가가 크게 오르는 일명 '테마주'를 보며 "와, 이 주식 있는 사람은 좋겠다. 나도 가지고 있었다면 지금쯤…" 하며 상상을 펼친다. 특히나 고점인 줄 알고 사지 않은 주식이 계속해서 쭉쭉 올라가는 모습을 겪다보면 이번에는 놓쳤지만 다음 오를 주식은 꼭 잡고야 말겠노라는 다짐이 든다.

하지만 현실에서의 나는 그런 주식을 가지지 못할 때가 많다. 아니 애초에 어느 주식이 오른다는 것을 미리 알았다고 하더라도 나는 돈을 벌 수 있었을까?

친구를 따라 계좌를 개설하고 주식에 발을 담궜을 당시, 나는 남들이 오른다고 하는 종목을 따라 샀다. 오를 거라는 이유도 나름 타당하게 들렸다. 지인이나 인터넷 상에서 이름이 들리는 주식 종목을 나름대로의 느낌적인 느낌을 거쳐 매수했다. 결말은 짐작이 될 것이다. 오른다고 했던 종목이고 실제로 올랐는데 왜 나는 마이너스 손절의 결말을 맞이했을까? 분위기가 좋은 시장에서 나만 잃는 것 같은 상황이 반복되자, 어느 날 스스로에게 화가 나기 시작했다. 오만했던 머릿 속에 질문이 들끓었다. "내가 이렇게 미숙했나? 운이 좋은 편이 아니었나? 다들 주식으로 쉽게 돈 버는 것 아니었나? 왜 나는 쉽게 돈이 안 되는 걸까?" 분노의 끝에서 다음과 같은 질문에 도달했다. "그러면 쉽게 말고 주식을 공부하면 정말로 돈이 될까?"

'주식은 운'이라는 생각을 접고 직접 주식에 대해 알아가기로 했다. 주식으로 돈을 버는 게 진짜 가능한 일인지 궁금했다. 그래서 이번엔 오르는 '종목'이 아니라 돈을 벌 주식투자 '방법'을 알기 위해 많은 정보를 찾아다녔다. 각종 투자 대가들의 서적과 투자자의 블로그, 유튜브 채널 등 세상에는 정말 다양한 투자자와 다양한 방법, 다양한 의견이 있었다. 다양한 의견들이 때로는 서로 부딪히기도 했다. 앞으로도 그럴 것이다. 경제학자의 각기 다른 의견 모두 근거가 있고, 전문가들이니 A와 B 의견 모두 타당하다.

어떤 투자자는 가치투자나 장기투자를 진리라 여기고 또 어떤 투자자는 단기투자와 차트를 보는 매매기법을 사용한다. 투자로 부자가 되는 사람들은 각자 다른 주식을 갖고 있으면서도 자신의 투자로 부자가 된다. 그러니까 중요한 포인트는 의견은 다르지만 다들 맞는 말이다. 주식으로 돈을 버는 필승 비법을 알고 싶었지만 그런 단 하나의 투자 방법이란 존재하지 않는 것 같다. 대신 새로운 궁금증이 싹텄다.

그렇다면, 이 수많은 투자 방법의 '공통점'은 무엇일까? 장기투자의 대가와 트레이더의 대가에게 공통점이 있다면, 무엇일까? 공통점을 배우고 따라하면 어떻게 될까? 이후 주식 시장에 머무르며 배운 이야기들을 통해 성공한 투자자들의 공통점을 자연스레 발견했다.

첫 번째는 감정의 조절과 내면의 성찰이다. 두 번째는 손실 관리다. 이것에 관한 이야기를 해보려고 한다. 필자도 아직 배우며 단련하는 중이고, 여전히 시행착오를 거쳐 나아가고 있기에 결과가 어떻다고 단언할 수 없다.

그러나 두 가지 공통점을 인지한 주식투자의 과정은 이전과 다르다. 감정의 흐름, 손실관리 감각을 의식한 매매에서는 어느 상황이 어떤 결과를 부르는지 자신만의 인과관계가 생겨난다. 예를 들어 단기간에 오른 종목을 보며 조급한 마음으로 추격매수를 한 결과가 손실로 이어지는 경험이 반복되었다고 하자. 이 패턴을 인지한다면 다음에 '조급한 마음'이라는 심리적 원인을 인지했을 때 추격매수라는 판단이 아닌 새로운 판단을 시도해볼 수 있다.

항상 원인과 결과가 일정하리란 법은 없지만 최소한 경험상 실패로 이끌었던 확률은 줄여나가는 것이다. 이러한 과정을 통해 우리는 경험을 축적하며 자신만의 기준을 다져간다. 기준을 만들고 그에 따라 꾸준히 훈련하고 개선해 나가는 것이 우리가 할 수 있는 최선이다. 완벽한 투자 방법은 없지만 더 나은 방향은 있다. 방향은 우리가 선택할 수 있다.

## 02 첫 번째 공통점, 감정을 인식하고 내면을 돌아본다

주식투자에서 심리 공부는 어떨 때 필요할까? 아니 그 전에 주식투자에서의 심리란 무엇일까? 처음엔 '심리를 파악하라'는 말이 대중의 심리를 읽고 예측하는 능력을 말하는 줄 알았다.

지금 시장의 심리는 어떠한가? 사람들의 공포와 탐욕이 어떻게 작동할까?라고 궁금해 하면서 사람들의 심리 흐름을 읽어야 한다고만 생각했다. 대중의 심리도 중요하다. 하지만 시간이 지날수록 파악해야 할 심리는 타인과 시장보다도 투자를 실행하는 내 자신의 심리라는 것을 알게 되었다. 내가 언제 불안해지는지, 어떤 상황에서 충동적으로 매수하는지, 눈앞의 주식을 사기 직전인 현재의 나는 어떤 감정을 느끼는 상태인지 먼저 알아차림이 필요하다. 장기투자자는 길게 버티는 사이 수많은 유혹과 공포를 견뎌야 한다. 남들은 이미 수익 냈다는데 나는 제자리걸음일 수도 있다.

단기투자자는 급변하는 시장 흐름 속에서 언제나 예측이 틀릴수도 있다는 두려움과 싸운다. 단기투자자는 빠른 판단을 해야 하지만 그 속에서도 냉정함을 유지할 수 있어야 한다. 일시적인 손실에 감정적으로 반응하거나 갑작스러운 상승에 욕심내지 않으려면 감정이 올라오는 순간을 포착할 수 있어야 한다. 어떤 투자든 중요한 건 결국 내 마음을 알아차리고 결정을 다스리는 훈련을 하는 것이다. 내가 지금 어떤 심리 상태에 있는지를 인식하는 능력은 자신을 바로 보고 올바른 선택을 하도록 돕는다.

## 「03」 두 번째 공통점, 손실을 관리한다

어느 날 차트 투자에 관한 책을 읽고 단기적인 시세 흐름을 이해하는 공부를 병행하게 되었다. 차트는 매수·매도 시점을 직관적으로 포착하는 데 도움을 줬고, 단기투자자들의 사고방식을 접하면서 또 다른 통찰을 얻을 수 있었다. 흥미로웠던 점은 장기와 단기라는 방식은 다르지만 결국 두 방식 모두 손실관리에 철저하다는 것이었다. 그때까지 단기투자는 '빨리 사고 빨리 파는 것'이라고만 생각했었다. 하지만 실제로 많은 투자자들은 수익보다 손실을 제한하는 데 훨씬 집중하고 있었다.

주식투자의 첫걸음은 기업분석부터

단기투자자들은 시장의 변화가 빠르다는 걸 잘 알고 있었고 위험 신호가 감지되면 주저하지 않고 포지션을 정리했다. 그들이 수익을 쌓아가는 방식은 손실을 크게 만들지 않는 데서 시작되었다. 장기투자자들도 마찬가지였다. 기업분석을 하고 성장 가능성을 확신한 이후에는 단기적인 하락에도 쉽게 흔들리지 않는다. 그들이 오랫동안 버틸 수 있었던 이유는 자신만의 기준과 리스크 허용 범위가 분명했기 때문이다. 워런 버핏처럼 기업의 본질이 훼손되지 않았다고 판단되면 오히려 추가 매수를 통해 기회를 늘려가는 전략도 같은 맥락이다. 손실을 관리하는 방법은 다르지만 손실을 관리하고 있다. 우리는 수익을 위해 투자하지만 수익만큼이나 손실을 투자의 중요한 부분으로 여겨야 한다.

손실을 잘 관리한다는 것은 무엇일까? 솔직히 말하자면 필자는 뚜렷한 손절 기준 같은 건 없다. 기술적 분석에 중점을 두고 매수한 종목을 제외하면 기업 분석을 바탕으로 투자한 손실은 일시적인 변동일 수도 있기 때문이다. 하지만 기준이 없다고 해서 아무 생각 없이 버티는 건 아니다. 내가 가진 손실에 대해 먼저 스스로 묻는 질문이 있다. "이 손실은 판단의 결과인가, 감정의 결과인가?" 판단에 기반해 매수했고, 기업의 펀더멘탈에 변화가 없다면 일정 부분의 손실은 감수할 수 있다고 생각한다.

반면, 시장 분위기에 휩쓸려 조급하게 샀다가 손실이 났다면 그건 배워야 할 교훈이다. 이 차이를 구분하는 것만으로도 손실에 대한 감정적 동요는 줄어든다. 때로는 '손실을 관리한다'는 말의 무게를 생각한다. 손실을 통제한다는 말은 어쩌면 오만일 수도 있다. 시장은 내 의지대로 움직이지 않는다. 그보다는 손실 앞에서 무너지지 않는 내 마음을 관리하고, 손실이 생겼을 때의 나의 태도를 돌아보는 일이 더 현실적이다. 손실 관리는 오랜 시간 훈련이 필요한 일이다. 나는 여전히 그 과정을 연습하고 있다.

워런 버핏이 한 말로 널리 알려진 투자 2원칙이 있다.

**첫째, 절대로 돈을 잃지 마라**(Rule No.1 Never lose money).
**둘째, 첫째 원칙을 지켜라**(Rule No.2 Never forget Rule No.1).

이 격언은 투자 손실을 최소화는 것에 대한 워런 버핏의 투자 철학을 드러낸다. 돈을 잃지 않는 것, 즉 자본을 지키는 것이 중요하다는 뜻이다. 또한 비슷하지만 여러 가지 의미를 포함하고 있다. 단기 수익보다 자본 보존이 우선인 점, 복리의 힘, 투자 전에 철저한 검토의 중요성을 모두 압축한 문장이기도 하다. 이 격언은 많은 투자자들이 마음 속에 되새기며 투자의 이정표로 삼을 정도로 진리로 여겨진다. 나의 철저한 손실관리 원칙은 아직 만들어지지 않았지만 이러한 대원칙을 따르며 손실관리와 함께 감정을 다스리고 있다.

• 잃지 않는 투자를 지향해야 한다. 그러나 손실을 두려워해서는 안 된다.

- 잃지 않는 투자를 지향해야 한다. 그러나 손실은 필연적으로 발생하며 이를 관리해야 한다.
- 손실을 무던하게 받아들일 수 있어야 한다. 그러나 손실이 습관이 되어서는 안 된다.

## [04] 수익을 결정하는 투자자의 자질은 판단력으로 귀결된다

주식을 하는 방법은 간단하다. 어플로 매매 버튼만 누를 줄 알면 된다. 중요한 건 그 '판단'이다. 언제 사고 언제 털어버릴지, 왜 사고, 왜 파는지 그 판단이 주식의 성패를 가른다. 그래서 개인은 판단력을 기르는 데 몰두하면 된다. 그게 주식을 잘하는 방법, 성장하는 방법이다. 시간이 지나면서 '많이 아는 것'보다 '잘 판단하는 것'이 훨씬 중요하다는 걸 느낀다. 투자에서 핵심은 늘 같은 질문이다. "지금 이 선택이 맞는가?" 어떤 지표를 알고 있는지보다 무엇을 근거로 결정하는지를 스스로 판단할 수 있어야 한다.

사람마다 판단의 방식은 다르다. 어떤 사람은 지식에 의존하고, 어떤 사람은 경험이나 논리에 기댄다. 필자의 경우에는 '메타인지'와 '사고력'이 기준이 된다. 스스로를 평범한 대중 속 한 명이라고 인식하려고 한다. 그렇게 한 걸음 떨어져서 보면 감정에 휘둘릴 일도 줄어든다. 그리고 묻는다. "내가 존경하는 투자자라면 지금 어떻게 판단할까?"

내 안에는 책으로 쌓인 여러 사람들의 기준이 있다. 그들은 내게 완벽한 답을 주진 않지만 복잡한 상황에서 어느 방향이 중심에 가까운지를 가늠하게 해준다. 반면, 지식이 판단을 방해하는 순간도 있다. 알고 있는 정보에만 매달리다 보면 시장보다 내 지식에 집착하게 되고 핵심보다 부차적인 것에 매몰될 때가 있다. 정보가 쌓일수록 더 혼란스러워질 수도 있다.

그래서 판단력이 지식을 이끌어야 한다. 지식이 주도권을 쥐게 하면, 결국 외부에 휘둘릴 수밖에 없다. 반대로 판단력을 먼저 세우면 지식은 도구로써 훨씬 유용해진다. 이 판단력은 경험에서 나오고, 경험은 반드시 내가 겪은 것이 아니어도 된다. 누군가의 책, 이야기, 실패담에서도 얼마든지 빌려올 수 있다. 오늘은 금리 이야기, 내일은 전쟁 이야기, 다음 주엔 경기 침체와 반등이 번갈아 등장한다. 세상은 언제나 예측으로 가득하고, 확신은 그 어느 쪽에도 없다. 내가 원하는 투자란 모든 뉴스에 반응하며 사는 것이 아니라, 중요한 흐름만 보고 조용히 기준을 지켜가는 일이다. 아는 것이 많을수록 유리할 수는 있지만 결국 중요한 건 그 아는 것을 어떻게 판단에 쓰는가이다. 지식을 모으는 데만 집중하지 말고, 그 지식이 나를 지켜주는 힘이 되도록 판단력을 먼저 세우자.

다시 이 장의 처음 질문으로 돌아가보자. "다음에 오를 주식은 무

주식투자의 첫걸음은 기업분석부터

엇일까?" 주식을 잘하는 비법이나 좋은 종목, 최적의 타이밍이 따로 있을 것이라고 생각했다. 어쩌다 그런 경우는 있어도 절대적으로 좋은 종목, 절대적으로 좋은 타이밍은 존재하지 않는다. 왜냐하면 같은 종목과 같은 매수 시기라도 개인마다 수익은 천차만별이기 때문이다. 어쩌면 투자에 정석은 존재하지 않는다고 느끼면서 나 역시 알고 싶은 부분이 바뀌어 갔다. 종목과 정답이 아닌 투자가 수익으로 이어지는 '원리'가 무엇인지, 어떻게 각기 다른 의견으로도 수익이 나오는지 질문을 바꾸었다.

"어떤 주식을 사더라도 수익을 내는 방법이 뭘까?"

이 질문은 외부 환경에 아무리 휘둘려도 내부에서 답을 찾겠다는 뜻이다. 어떤 상황과 어떤 종목에도 수익을 내겠다는 말은 모든 걸 관통하는 기술을 찾겠다는 뜻이다. 세상에 변하지 않아도 내가 변하면 모든 게 바뀌듯 세상이 변해도 변하지 않는 내가 있으면 자신만의 세상을 만들 수 있다. 그래서 안에서 답을 찾기로 했다. 내가 생각하는 주식투자의 필승 질문이다.

# 판단 실수를 줄이는
# 3가지 기록장

## 01 기업분석을 기록하자

주식을 하다 보면 어느 순간부터 머릿속이 너무 복잡해진다. 분석한 내용은 금세 잊혀지고, 사려던 이유는 흐려지고 팔고 나서야 "왜 그랬지?"하는 생각이 든다.

시장은 매일 움직이고, 사람의 감정도 같이 흔들린다. 오늘의 판단이 어제와 달라지고 같은 뉴스를 보고도 매번 다르게 반응한다. 이럴 때 필요한 게 있다. 바로 기록이다.

기록은 생각을 붙잡아두는 도구다. 기업을 분석하는 동안 그 내용을 꼭 어딘가에 기록해두면 좋다. 분석한 내용을 메모해두면 시간이 지나도 그 판단의 근거를 되짚을 수 있다. 매매 전후의 감정을 적어두면 내 심리가 어떻게 흔들렸는지 알 수 있다. PPT같은 자료로 기록하는 것도 좋지만 필자가 가장 추천하는 방법은 블로그에 기록하는 것이다. 글을 쓰는 과정에서 다시 한 번 복습이 되고, 글을 쓰려면 정확한 내용을 담기 위해 한 번이라도 더 찾아보게 된다. 스쳐지나갈 수 있는 정보를 내 것으로 소화하는 과정이다.

시간이 지나서 기업에 대해 궁금해질 때 다시 찾아보기에도 쉽고 편하다. 그리고 무엇보다 기록을 할 때는 기업분석을 하며 생기는 질문들과 생각을 덧붙여 기록하자. 복잡했던 생각이 정리되고, 기록을 통해 성장으로 나아가는 가장 쉬운 방법이다. 그 기록들이 쌓이면 투자 습관과 흐름이 보이기 시작한다. 잘했던 판단, 반복된 실수, 나만의 기준같은 것들이 글로 남았을 때 비로소 내 것이 된다.


## [02] 매매기록은 실수를 줄여주는 나만의 복기노트다

인간은 같은 실수를 반복한다. 매매기록은 이 같은 실수의 반복을 줄이는 데 도움을 준다. 기록이란 단순히 가격을 적는 게 아니라, 매수 혹은 매도를 결정한 이유와 당시의 생각, 감정까지 함께 적는 것이다.

주식을 매수하거나 매도할 때는 늘 이유가 존재한다. 괜찮아 보이니까, 오늘 뉴스가 떴으니까 혹은 그냥 느낌이 좋아서... 그렇게 사놓고 나면 얼마 지나지 않아 왜 샀는지, 무슨 근거로 판단했는지를 두루뭉술하게 기억하거나 잊어버린다. 어떻게 사고팔았는지를 기록하면 나만의 패턴을 파악할 수 있다. 주식에서의 매매기록은 바둑에서의 복기와 같다. 나의 매매를 다시 되짚는 것이다.

이처럼 우리의 투자에는 어설픔과 실수가 존재한다. 손실의 경험은 외면하고 싶지만 그럼에도 우리는 이를 뚫어지게 바라보고 실수를 관통해야 한다. 기록을 남기는 습관을 먼저 만들자. 생각보다 많은 실수가 기록을 통해 줄어든다. 실수를 줄이면 그만큼 수익은 가까워진다.

| 날짜 | 종목명 | 매도/매수 | 평균단가 | 총투자금 | 매수/매도 이유 | 결과 및 느낀점 |
|---|---|---|---|---|---|---|
| 25.3.2 | ABC전자 | 매수 | 5,000원 | 50,000원 | 리포트에서 1분기 실적 호조 예상, 기술적으로 지지선 근처 | 손절 (-10%) / 단기 이슈에 흔들려 매수 타이밍 성급함 |

- '매수/매도 이유'는 두 줄 정도라도 꼭 적는 걸 추천한다. 그래야 나중에 돌아봤을 때 판단의 흐름을 복기할 수 있다.
- '결과 및 느낀점'엔 감정이나 상황을 함께 남겨두면 좋다. 단순한 숫자보다 성장의 근거가 된다.

**심리를 다스리게 도와주는 투자 일기**

주식투자는 결국 자기 감정을 다스리는 일이라는 사실을 갈수록 더 깊이 깨닫게 된다. 나는 매일 시장을 바라보며 순간적으로 드는 감정과 시장의 심리를 조금 멀리서 지켜보려고 노력한다. 가능하면 흔들리지 않고 근거 있는 판단을 내리고자 한다. 그러나 사람인지라 감정은 늘 따라온다.

꼭 주식 때문이 아니어도 그렇다. 머릿속에서 일어나는 여러 상상이나 미래에 대한 막연漠然한 불안 또는 나보다 잘나 보이는 누군가를 봤을 때도 감정은 어김없이 올라온다. 마음이 약한 시기일수록 더욱 그렇다. 감정을 컨트롤하려다 보면 어느 순간엔 자연스러운 감정마저 억누르게 될 때가 있다. 그러고 나면 감정을 느꼈다는 사실 자체에 죄책감을 갖기도 한다. 그럴 때 혼자만의 일기를 쓴다. 감정을 글자로 적어 두 눈으로 읽어보면 어딘가 해소되는 느낌이 든다. 일기장을 들여다보면 투자와 관련된 감정 중에서도 부정적인 감정이 대부분 기록되어 있다. 왜 그런가 생각해보니 기분이 좋았던 날은 굳이 글로 남기고 싶지 않았던 것 같다. 좋은 기분은 자칫 오만하게 느껴지기도 하고, 어차피 다음 날이면 또 시장에 흔들릴 수 있으니 그냥 그 순간에만 느끼고 넘기는 것이다.

반면 부정적인 감정은 기록해두면 마음이 조금 정리되고, 나중에 다시 펼쳐봤을 때 도움이 될 것 같아 자연스럽게 글로 남긴다. 종종 다른 투자자들은 어떻게 평온하고 확고할 수 있을까라고 감탄하게 된다. 하지만 그들도 처음부터 그렇게 단단하지는 않았을 것이다. 보이지 않는 곳, 보이지 않는 시간 속에서 그들만의 감정 훈련과 마인드 컨트롤이 있었으리라 생각하면 자신에게도 조금은 관대해질 수 있다. 감정을 인지하고, 감정에 끌려가기보다는 조금 더 나은 방향으로 판단할 수 있는 사람이 되어야 한다. 그래서 오늘부터라도 자신의 마음을 조용히 써 내려가 보자.

혹시 여러분도 주식투자를 하면서 마음이 요동치는 순간이 많다면, 그 감정을 그냥 지나치지 말고 한 번 적어보길 권한다. 누군가에게 털어놓기 어려운 마음이라면 더욱 그렇다. 종이에 써도 좋고, 휴대폰 메모장에 남겨도 좋다. 중요한 건 남에게 보여주기 위한 글이 아니라 스스로를 마주보는 시간을 갖는 것이다. 기록은 판단을 정리해줄 뿐 아니라 감정의 방향도 붙잡아준다.

일기를 쓸 때는 잘 쓰려고 하지 않아도 된다. 오늘 무엇이 불안했는지, 어떤 뉴스에 흔들렸는지, 왜 그 종목을 팔고 싶었는지, 솔직하게 적다 보면 어느 순간부터 내 투자 심리의 패턴이 보이기 시작할 것이다. 감정을 알아차릴 수 있어야 다음에는 조금 더 선명하게 판단할 수 있다.

주식투자의 첫걸음은 기업분석부터

# 시장의 해상도를 높이는
# 읽기의 힘

## 01  신문과 책에서 보는 것

신문과 책은 너무 단순하고 익숙해 보여서 오히려 간과하기 쉬운 두 가지지만 그 안에는 시장의 흐름을 읽고 내 기준을 세우는 데 필요한 거의 모든 것이 담겨 있다.

신문을 읽는 이유는 보이는 것을 보기 위함이다. 지금 시장에서 어떤 일이 벌어지고 있는지, 어떤 산업이 주목받고 있는지, 흐름을 감지하는 데 가장 빠른 도구 중 하나가 신문이다. 처음에는 그저 헤드라인만 훑게 되지만 익숙해지면 작은 기사에서도 투자 아이디어의 단서를 발견하게 된다. 눈에 자주 보이는 산업 키워드, 유난히 자주 등장하는 기업 이름은 시장이 어떤 방향을 향하고 있는지를 조용히 말해준다.

반면, 책을 읽는 이유는 보이지 않는 것을 보기 위함이다. 당장의 주가 움직임보다는 장기적으로 기업을 어떻게 바라봐야 하는지, 투자자로서 어떤 기준과 태도를 가져야 하는지를 책을 통해 배울 수 있다. 책은 당장 수익과는 관계없어 보이지만 결국 투자라는 긴 여정을 이어가는 데 필요한 기초 체력을 만들어준다. 읽을수록 판단의 기준이 세워지고, 시장의 소음 속에서도 내 기준을 지켜갈 수 있는 힘이 생긴다.

신문과 책은 누구에게나 열려 있다. 처음엔 하나도 이해되지 않던 기사나 문장이 조금씩 읽히기 시작하고, 반복해서 읽는 단어와 개념이 익숙해지는 순간이 온다. 분석은 그다음 문제다. 중요한 건 읽는 것, 그 자체다. 투자는 결국 판단의 반복이고, 그 판단을 돕는 감각과 기준은 읽는 사람에게 생긴다. 그래서 주식을 시작하는 사람들에게 다른 무엇보다 신문과 책을 가장 먼저 추천하고 싶다. 방향을 잡고 기준을 세우는 데 이보다 더 좋은 도구는 없다.

## ⌜02⌟ 신문에서는 흐름을 읽는다

너무 많은 기사 속에서 투자에 도움이 되는 정보만 걸러내는 것이 쉽지는 않다. 하지만 반복해서 읽다 보면 신문은 단순한 정보의 집합이 아니라 시장의 분위기와 흐름을 읽는 데 효과적인 도구라는 걸 깨달을 수 있다.

특히 반도체처럼 복잡하고 격변하는 산업일수록 신문을 통해 얻는 힌트가 많다. 같은 날에 나온 기사들 사이에서도 서로 상반된 관점이 실리는 걸 보면 이 시장이 얼마나 불확실하고, 또 그만큼 기회가 열려 있는지를 실감하게 된다. 누군가는 반도체 하락 사이클이 길어질 거라 경고하고, 또 누군가는 챗GPT와 AI 산업을 이유로 반도체 상승 사이클이 갑작스럽게 찾아올 수 있다고 말한다. 그럴 때마다 신문을 읽고, 그 안에서 반복되는 키워드와 조용히 떠오르는 조각들을 모아보자.

예를 들어 생성형 AI와 반도체의 연결 구조, 엔비디아의 GPU와 인텔의 CPU가 어떻게 다른지, 왜 기업들이 AI 반도체에 사활을 거는지, 그 배경을 신문 기사들을 통해 스스로 연결해보는 것이다. 그 과정에서 중요한 것은 정보 자체보다도 '왜 이 타이밍에 이런 기사가 나왔는가'를 질문해보는 자세다.

그런 관점으로 보면 '반도체 시장이 어렵다'는 기사도 단순한 악재로만 보이지 않는다. 주가에는 이미 많은 불확실성이 반영되어 있다. 오히려 악재가 많을수록, 미래의 반등에 배팅할 수 있는 조건이 마련되고 있다는 신호일 수도 있다. 이러한 흐름 속에서 실적 턴어라운드가 가능하다고 판단되는 기업들을 하나씩 찾아보자.

신문은 완성된 정보가 아니라, 관찰하고 생각을 연결할 수 있는 재료다. 그 안에 담긴 분위기와 메시지를 주관적으로 해석해야 비로소 나만의 투자 아이디어가 된다.

물론 지금의 아이디어는 아직 얕고, 확신은 부족하다. 그래서 더 관찰하고 공부해나가야 한다. 하지만 신문을 읽고 주관적으로 판단해보는 연습만으로도 분명히 투자에 필요한 감각은 자란다. 지금도 매일 신문을 통해 흐름을 읽고, 생각의 기준을 조금씩 단단하게 세워가고 있다. 결국 투자는 정보가 아니라 해석의 싸움이고, 신문은 그 해석력을 길러주는 일상의 훈련도구다.

주식투자의 첫걸음은 기업분석부터

# 정규분포 끝단을
# 무릎쓸 용기

주식시장에서 대다수는 평균으로 수렴한다. 시장이 오르면 사고, 떨어지면 팔고, 분위기를 따라 움직인다. 그것이 자연스럽기도 하다. 하지만 그 흐름을 계속 따라가다 보면 어느 순간엔 주식투자를 시작하는 목적과 달리 시장 평균의 결과에 머물게 된다.

다르게 말하면 시장에서 성공을 거두고 살아남는 사람은 소수다. 그러니 진짜 성과를 내려면 그 평균에서 한 발 벗어날 용기가 필요하다.

사람들이 흔들릴 때 차분히 들여다보고, 모두가 열광할 때는 조금 더 신중해지는 힘, 그건 한 번의 결심이 아니라 꾸준한 훈련에서 만들어진다. 그러면서 자연스럽게 대중의 행동을 의심하게 된다. 사람들이 비슷한 시점에 사고팔고, 같은 방식으로 움직일 때마다

'나는 이 흐름 속에서 뭘 다르게 볼 수 있을까?'를 고민하게 된다.

결국 주식으로 성과를 내려면 다른 사람들이 가지 않는 길을 가야 한다는 생각에 이르게 되었다. 무턱대고 다르게 하겠다는 뜻이 아니라, 내가 하는 선택의 기준을 명확히 하고, 감정이 아닌 근거로 투자하려는 시도이다.

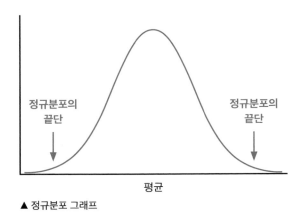

▲ 정규분포 그래프

주식공부를 시작하는 것 자체가 정규분포의 바깥으로 나가는 첫 걸음이다. 대부분은 그마저도 하지 않기 때문이다. 배우고, 기록하고, 실수를 복기하고, 조금씩 기준을 세워가는 이 반복이 결국 나를 평균 밖으로 밀어 낼 수 있다.

성공적인 투자란 단순히 돈을 버는 게 아니라, 남들과는 다른 방식으로 스스로를 설득해내는 과정이다. 때로는 두려움이 따라오고, 때로는 혼자 걷는 길처럼 느껴질 수도 있다. 하지만 바로 그 순간들

주식투자의 첫걸음은 기업분석부터

이 쌓여 나를 조금씩 성장시켜준다. 결국 평균을 넘어서려면, 그 끝단을 무릅쓸 만큼의 용기가 필요하다. 조용히, 그러나 꾸준히 그렇게 나만의 길을 만들어가야 한다.

## [01] 주식투자 성공의 핵심은 '초과수익'

주식 투자를 시작하면서, 처음에는 손실을 비싼 수업료라며 합리화하고, 수익을 얻으면 그것만으로 만족했던 때가 있었다. 시간이 지나면서 투자에 대해 더 진지하게 고민하게 되었다. 그 과정에서 깨달은 것은, 주식투자의 핵심은 '수익을 내는 것'이 아니라 '초과수익'을 내는 것이라는 사실이다.

초과수익이란 투자자가 얻을 수 있는 시장 평균 이상의 수익을 의미한다. 즉, 주식시장에서 전체 시장이 얻는 수익률보다 더 높은 성과를 내는 것을 목표로 하는 것이다. 예를 들어, 주식시장의 전반적인 수익률이 7%일 때 초과수익을 목표로 하는 투자자는 그보다 높은 10%, 15% 또는 그 이상의 수익을 목표로 한다. 이러한 초과수익을 추구하는 것은 단순히 시장에 따라가는 것이 아니라 시장을 뛰어넘는 성과를 창출하려는 전략이다.

단순히 수익을 얻을 수 있는 종목은 많다. 저평가된 기업은 정말 많고, 그들이 시장에서 재평가를 받을 때 주가는 상승할 수 있다. 하지만 그저 수익을 얻는 것만으로는 부족하다. 중요한 것은 시장을 초과하는 수익을 낼 수 있느냐이다. 초과수익을 얻는 것은 단순히 자산을 불리는 것 이상의 의미를 가진다. 그것은 자산을 더욱 빠르고 효율적으로 불려 가는 핵심이다. 시장 평균보다 뛰어난 성과를 거두지 못한다면 결국 시간이 지나면서 자산 축적에 한계가 오기 마련이다. 초과수익을 추구하는 이유는 자산을 더 빠르게, 더 크게 만들기 위해서다. 우리는 투자자로서 '시장 평균'을 넘어설 수 있는 기회를 찾아야 한다. 단순히 재평가받을 가능성이 있는 종목을 찾는 것만으로는 부족하다. 그 종목이 시장을 초과하는 수익을 낼 수 있는 가능성을 미리 상상해야 한다. 이러한 초과수익을 추구하는 태도가 바로 성공적인 투자로 가는 길이다.

궁극적인 투자 목표는 '부를 이루는 것'이다. 부는 상대적인 가치로 정립되는 개념이기 때문에 그 목표를 잊고 단기적인 수익에 집착해서는 안 된다. 시장을 초과하는 수익을 추구하며 자산을 축적하고, 이 자산이 시간이 지나면서 자동으로 굴러가도록 만드는 시스템을 만드는 것이 핵심이다. 초과수익을 목표로 하는 투자자만이 시장에서의 경쟁에서 우위를 점할 수 있다. 이 점을 항상 염두에 두고, 투자의 목적과 방향성을 잃지 않도록 하자.

# 반짝이는 수익률의 함정

투자 성과를 판단하는 지표에는 두 가지가 있다. 수익률 그리고 수익금이다. 수익률은 투자금에 비해 얼마만큼의 이익을 얻었는지를 보여주는 지표다. 수익률을 통해 우리는 투자의 성과를 객관적으로 비교할 수 있으며, 특히 다른 투자 기회와의 상대적인 비교가 가능하다. 수익률은 투자의 효율성을 판단하는 데 중요하다.

수익금은 실제 얻은 금액을 의미한다. 수익금은 투자자가 실제로 손에 쥐는 금액이기 때문에 실질적인 이득을 나타낸다. 수익금은 투자의 결과로 실현된 금액이기 때문에 그 자체로 중요한 평가 기준이 될 수 있다.

기억해야 할 것은 화려한 수익률을 바라느라 수익금을 놓치는 선택을 하지 않아야 한다는 점이다. 주식투자에서 수익률을 높게 유지하려는 욕심이 커지면 때로는 수익금에서 중요한 기회비용을 놓칠 수 있다.

수익률은 성과를 나타내는 중요한 지표이지만 때로는 오로지 비교를 위한 함정이 되어버리고 만다. 수익률을 중요하게 생각해서 '지금은 너무 많이 오른 주식이니까'라며 뒤로 미루거나 높은 수익률을 유지하고 싶은 마음에 평균단가를 높이지 않는 선택을 후회한다. 주가가 계속해서 상승할 경우 수익률은 높아질지 모르지만 그에 따른 수익금은 이득이 없었다.

투자에서 수익률을 높이는 것은 중요하지만 실제로 수익금을 확보하기 위해서는 지금 올라가는 주식, 실적이 좋은 기업을 놓치지 않고 매수하는 것이 중요하다. 주식은 상대평가의 개념이기 때문에 남들이 놓친 기회를 잘 활용할 수 있어야 한다. 그런 기회를 놓친다면 그만큼 더 좋은 투자 기회를 잃게 되는 것이다.

주식 투자에서 중요한 점은 현재의 기회를 잘 포착하는 것이다. 수익률이 높다고 해서 무작정 기다리기만 한다면 수익금의 기회를 놓칠 수 있다. 주가가 상승하는 주식을 놓치고 기다리기만 하면, 결국 그 주식은 다시 내려오지 않을 수도 있다. 그리고 그로 인해 얻을 수 있었던 수익금도 함께 놓쳐버리게 된다. 그래서 수익률을 추구하는 것이 아니라 실제적으로 수익금을 확보하는 기준을 갖고 투자를 해나가야 한다.

주식투자의 첫걸음은 기업분석부터

# 6

# 잃지 않는 주식투자 매매전략

## 01 불확실한 시장을 이기는 전략 : 분할매수

싸게 사는 것의 문제점을 극복하기 위해 가장 효과적인 방법은 분
할매수다. 분할매수는 일정 금액씩 나누어 투자하며, 시장의 변동
성을 자연스럽게 흡수한다. 이를 통해 투자자는 저점과 고점을 맞
추려는 부담에서 벗어나 꾸준히 투자할 수 있다.

예를 들어, 시장이 상승세일 때 일부를 매수하고, 하락세가 오면
추가 매수를 진행하면 평균 매입가를 낮출 수 있다. 이는 투자자가
시장의 불확실성 속에서도 합리적인 가격에 좋은 기업을 지속적으
로 매수할 수 있는 방법이다.

투자는 단순히 싸게 사서 비싸게 파는 게임이 아니다. 좋은 기업을 적정한 가격에 꾸준히 보유하는 것이 성공 확률을 높이는 길이다. 싸게 사는 것이 무조건 나쁜 전략이라는 의미는 아니다.

다만, 너무 싸게 사는 것에 집착하면 투자의 본질을 잃고 시장을 예측하려는 함정에 빠지기 쉽다. 좋은 기업을 찾고 그 가치를 적절히 평가하며 적정한 가격에 매수하자. 그리고 분할매수를 통해 변동성을 활용하자. 이러한 접근은 시장의 불확실성을 극복하고 장기적으로 안정적인 부의 축적을 가능하게 할 것이다. 싸게 사는 것보다 중요한 것은 적당한 가격에 좋은 주식을 사는 것이다. 이것이 우리가 투자에서 성공할 확률을 높이는 길이다.

## [02] 계란을 한 바구니에 담을 때 : 집중투자

한 바구니에 달걀을 모두 담지 말라는 말, 많이 들어봤을 것이다. 여러 종목에 나눠 투자하면 리스크를 줄일 수 있다는 뜻이다. 분산투자는 일반적으로 리스크를 상쇄하는 전략으로 여겨진다.

처음엔 그게 정석이라 믿었다. 그래서 종목을 여러 개 나눠 담았던 시기가 있다. 하락장에서는 손실이 분산되어 마음이 덜 불안했다. 하지만 문득 이런 의문이 들었다. "나는 안전하려고 주식을 하는 걸까?" 더 정확히 말하면, '안정'이 아니라 '성장'을 원했다. 자산을 지키는 것도 중요하지만 나는 자산을 불리고 싶었다.

주식투자의 첫걸음은 기업분석부터

하락장에서는 누구나 움츠러든다. 그럴 땐 분산이 심리적으로 도움이 되기도 한다. 하지만 시장이 꺾여 있을 때야말로 집중이 빛을 발할 수 있는 시기다.

코로나 팬데믹 이후, 불확실성과 공포 속에 종목을 여러 개 들고 있었다. 2022년 금리 인상기, 다시 한번 포트폴리오를 정리했다. 기업의 펀더멘털과 시장 흐름을 분석해 집중할 종목을 추려냈다. 성장주 전반이 하락하던 시기, 반도체 설비 부품을 공급하는 기업 한 곳에 집중했다. 해당 기업은 고객사의 수주 상황과 투자 흐름을 면밀히 공개하고 있었고, 실적 변동성에 비해 현금흐름이 탄탄했다. 주변에선 "지금 같은 시기에 집중은 위험하다"는 말도 있었지만, 오히려 이런 시기에 검증된 기업에 집중하는 것이 향후 반등 구간에서 수익률을 극대화할 수 있다고 판단했다.

결국 투자 전략은 목표에 따라 달라져야 한다. 분산은 '지키는 전략', 평균을 향한 움직임이고 집중은 '키우는 전략', 기회를 극대화하는 시도다.

무조건 안전한 투자란 없다. 하지만 충분히 분석하고 확신한 종목이 있다면 그 믿음을 더 실어볼 수 있는 시점도 온다. 그땐 나눠 들기보다 더 크게 들어도 괜찮다고 생각한다. 어떤 전략이 더 낫다고 단정 지을 수는 없다. 다만, 분산과 집중 사이에서 내가 원하는 결과가 무엇인지 스스로에게 묻는 것. 그 질문에서 진짜 투자자의 기준이 만들어진다.